이 책은 방일영문화재단의 지원을 받아 저술되었습니다.

모두가

그녀를

따라한다

creative box

모두가
그녀를
따라한다

빛나는 하나를
얻기 위해
100을 버리는
발상의 기술

초판 1쇄 발행 ·
2007년 7월 13일

지은이 · 강두필
펴낸이 · 김선식
펴낸곳 · (주)다산북스
출판등록 ·
2005년 12월 23일
제313-20005-00277호

PM · 선우지운
기획편집 1본부 ·
신혜진, 임영묵, 최소영,
김계옥, 김상영
박경순, 신현숙, 정지영
기획편집 2본부 ·
배소라, 이윤철, 유경미,
박호진, 김순란, 박혜진,
이선아
저작권팀 · 이정순
마케팅본부 ·
유민우, 곽유찬, 허성권,
민혜영, 이도은
홍보/광고팀 ·
서선행, 김다우
인터넷사업팀 ·
우재오, 박고운
경영지원팀 ·
방영배, 허미희, 김미현,
이경진

외주스태프 ·
디자인 가필드
본문조판  한현식

주소 ·
서울시 마포구 염리동 161-7
한청빌딩 6층
전화 ·
02-702-1724(기획편집)
02-702-1723 (마케팅)
02-704-1724(경영지원)
팩스 · 02-703-2219
이메일 ·
dasanbooks@hanmail.net
홈페이지 ·
www.dasanbooks.com
표지/본문 출력 · 엔터
종이 · 서림지업사
인쇄/제본 · 주식회사 현문

값 13,800원
ISBN 978-89-92555-26-5
03320

# 모두가 그녀를 따라한다

빛나는 하나를
얻기 위해 100을 버리는
발상의 기술

강두필 지음

creative box

다산북스

prologue

# 도대체 그녀는 누구시길래

변화의 속도를 좇는 것도 힘겨운 현대인에게 최근 '창조성creativity'이라는 신종 스트레스가 생겼습니다. 일반 사무직도, 공무원도 창조경영시대에 창의적인 발상을 강요받습니다. 즉 '크리에이티브creative'가 극단적인 창의력이 요구되는 분야에 종사하는 사람들에게만 필요한 것인 줄 알던 시대는 갔습니다. 빠르게 변화하고, 발전하고, 또 진화하는 시대를 살고 있는 우리 모두에게 '창조성'은 화두話頭가 될 수밖에 없습니다. 그러나 창의적인 사고방식을 가르쳐 주는 곳이 따로 있던가요? "컨셉concept이 뭐야?"하고 귀에 딱지가 앉을 만큼 상사에게 추궁당한 뒤에도 그놈의 '컨셉'에 대해 물을 곳이 없었던 것처럼 크리에이티브도 마찬가지입니다. 그렇다고 아주 방법이 없는 것은 아닙니다. '모방은 창조의 아머니'라고 했습니다. 창의적인 사람들의 생활과 발상을 엿볼 수만 있다면, 그리고 그들의 방식을 오늘의 나의 상황과 특성에 맞게 응용할 수 있다면 그보다 좋은 크리에이티브 수업은 없을 겁니다.

한 여자 모델이 선택하는 예술품과 책, 심지어는 끌고 다니는 달마시안 개까지 유행이 되는 스토리의 건설회사 아파트 광고를 많은 분들이 기억할 것입니다. 조금 과장이다 싶을 수 있겠지만 분명 생활 속에는 이런 '트렌드세터trendsetter'가 있습니다. 사람들은 왜 그녀를 따라 할까요? 바로 그녀의 남다른 안목 때문이라는 것이지요. 남다른 안목은 제품이나 특정 브랜드에만 부여되는 것이 아닙니다. 문제를 해결할 수 있는 창의적인 아이디어를 생각해내고, 발전시키고, 전달하는 것에 남다른 능력을 가진 사람들이 있습니다. 그리고 그 중심에는 광고 크리에이티브 디렉터creative director들이 있습니다.

현대인들은 하루에도 수많은 광고에 노출됩니다. 그리고 무의식적으로, 또는 의식적으로 그 광고에 조종당하기도 합니다. 강력하게 소비자를 매혹시켜서 제품을 선택하거나 구매하도록 하는 힘, 그것이 바로 크리에이티브의 위력이자 광고 크리에이티브의 궁극적인 가치입니다. 그리고 그 가치를 실현하는 광고 크리에이터들은 소비자의 마음을 꿰뚫는 크리에이티브를 만들어내는 사람들입니다. 그들은 크리에이티브로 새로운 시장을 만들어내기도 하고 이미 사라진 시장을 다시 살려내기도 합니다. '소비자와의 소통'이라는 관점에서 크리에이티브 디렉터는 세상에서 가장 능숙한 커뮤니케이터들입니다.

광고 크리에이티브 디렉터는 광고대행사 내에서 광고제작의 전반을 책임지는 사람을 말합니다. 물론 그 일을 담당하기 위해서는 수많은 제작경험이 있어야만 합니다. 그들은 경험과 지식, 그리고 직관을 총동원하여 판매에 기여하는 크리에이티브를 제작하고 그 광고물들이 집행되도록 광고주들을 설득하기도하며 브랜드마케팅에도 정통한 멀티플레이어multiplayer입니다. 또한 CD는 직접 총괄한 광고나 캠페인의 성공에 회심의 미소를 짓기도 하지만 경우에 따라서 순식간에 시장에서 퇴출당하기도 합니다. 그만큼 그들에게는 책임과 권한이 막중합니다.

이 책은 대한민국의 광고계를 이끌어가고 있는 탁월한 크리에이티브 디렉터 14인을 소개하며 그들이 어떻게 광고 일을 시작하게 되었는지, 그리고 어떤 생각을 하며 광고를 만들어내는가에 대한 이야기를 담고 있습니다. 또한 그들이 아이디어를 구체화하고 집행하는 방법과 소비자들의 마음을 읽어 내기 위해 기울이는 노력, 그리고 함께 일하는 동료들과의 팀워크에 대해서도 알게 됩니다.

크리에이티브 디렉터들은 각자의 개성이 너무나도 달라서 한 가지 질문에도 각양각색의 대답을 합니다. 누구와도 닮을 수 없고 닮기를 거부하는 크리에이티브 디렉터들이기에 이런 다양한 내용들을 정형화된 틀에 맞춘다는 것은 불가능한 일이었습니다. 그리고 아직은 소수지만 별처럼 빛나는 여성 크리에이티브 디렉터 세분에게 책의 앞쪽 자리를 내어드렸으며 편집의 순서는 가나다 순임을 알려드립니다. 또한 인터뷰 내용 중 직무에 관련된 기술적인 용어 몇 가지는 중간중간 행간에 주석의 형태로 정리했습니다.

제가 인터뷰한 크리에이티브 디렉터들은 모두 끝까지 포기하지 않는 끈기를 갖고 있었습니다. 대강 마무리 짓고 손 터는 법이 절대 없습니다. 끝까지 물고 늘어지죠. 그야말로 '마지막 1%까지' 집중하고 또 집중합니다. 그리고 그 결과로 성공적인 캠페인과 히트 브랜드가 탄생했습니다. 즉흥적으로 결정하고 아무렇지도 않게 포기해 버리는 즉물적 세태에 꼭 그들의 이야기를 함께 나누고 싶습니다.

이 책에서 소개하는 14인의 크리에이터들의 이야기는 광고인뿐만 아니라 마케팅 관련자나 정확하고 효과적인 커뮤니케이션을 위하여 노력하는 수많은 업종의 관계자들에게도 적지 않은 도움이 될 것이라고 확신합니다. 그리고 평범한 일상을 벗어나 새로운 것을 시작하고픈 사람들에게도 도전의식을 던져줄 것입니다. 시장에서 성공한 그들의 크리에이티브는 사람들이 수많은 제품 속에서 그 제품을 선택하게 하는 기준이 되고, 많은 사람들의 부러움과 호기심의 대상이기도 합니다. '모두를 따라하게 하는, 모두가 따라하고 싶은' 크리에이티브이기 때문입니다.

이 책의 제목을 《모두가 그녀를 따라한다》로 정하고 나서 "그녀"의 정체에 대해 궁금해 하시는 분들의 질문을 많이 받았습니다. 그녀는 누구일까요? 그녀는 무엇일까요? 간단히 말씀드리자면 그녀는 빛나는 크리에이티브로 광고에 담긴 메시지를 소비자가 따라하게끔 만드는 이 책의 14인의 주인공을 말합니다. 여성 CD만이 주인공은 아니지만 손에 잡힐 듯 잡히지 않는 창조성이 섬세한 여성성과 더 잘 부합되기도 하고, 마침 차용할 수 있는 광고카피도 있어서 그대로 쓰기로 했습니다. 광고 크리에이티브 디렉터들은 '다른 창의적인 일을 하는 사람들 보다도 더 대중 앞에 드러나는 것을 꺼려하는 특성이 있습니다. 그렇기 때문에 이 책에서 담고 있는 14명과의 만남은 독자 여러분에게 소중한 체험이 될 것입니다. 그렇다고 긴장하지는 마십시오. 책장을 넘길수록 마주보고 이야기하듯 친숙하게 다가오는 "그녀"를 따라잡을 수 있을 것입니다.

이지희, 장승은, 최인아, 권중호, 김호철, 김홍탁, 박성준, 양준호, 유제상, 이봉재, 이정락, 이현종, 조익명, 허유근 CD님, 감사합니다. 그리고 사랑합니다.

contents

prologue
도대체 그녀는
누구시길래

4

어떻게
다른
시선을
만들
것인가

이지희
웰콤 부사장

16

모두가 따라하는
그녀의 노래

18

여자,
오길비를 꿈꾸다

23

서점, 극장, 시장에서
힌트를 찾아라

24

새로움, 놀라움으로
유행을 창조하라

26

전략 안에서
자유로워지다

27

믿음보다
더 좋은 자극제는 없다

28

## 새로운 화학 반응을 일으켜라

장승은
TBWA 부장

**32**

끌리면 오라!
아름다운 감성
카리스마

노력으로 거머쥔
기회와 운

거기가 열렸어요
39

메모, 메모, 메모
40

현장의 중심에서
사랑을 외치다
43

하나를 찾기위해
백 개를 버리는 일
45

창조성의 힘, 경험
47


## 99도에서 마지막 1도에 전력한다

최인아
제일기획 전무

**48**

그녀는 프로다,
프로는 아름답다
50

34  치열한 1도 싸움,
conceptualizing의 기술
55

38  기존의 관념들에
시비걸기
57

이지고잉이 아닌
하드트레이닝
59

마케팅의 답은 사람,
제대로 꿰뚫어라
61

생각의 시점을
앞당기는 제너럴리스트
63


## 브랜드 속성으로 파고 들어라

권중호
휘닉스커뮤니케이션즈 상무

**66**

마라톤맨이 일구어 낸
우리 강산 푸르게 푸르게
68

앞선 블루오션 전략:
침대는 가구가 아닙니다
70

프로젝트는 팀 전원의 몫,
아이디어를 전개하라
72

크리에이티브로 시작하고
브랜드로 완성하라
73

색깔 있는 크리에이터
74

노력이나 감각만으로는
부족하다
75

확실히
분석하라,
차별화는
그
다음이다

김호철
TBWA 수석국장

**78**

먼저 '나'를 알고 제품의
본질을 추구하라
80

자신만의 관점, 그것이
경쟁력이다
84

일터는 배움을 줄 사람과
시스템이 있는 곳
85

나를 흔드는 작업,
일러스트레이션
87

전화하지 마세요,
문자로 얘기해요
91

문자 자체에도
크리에이티브가 숨어있다
93

나를 위한 고민,
나만의 작업
95


광고로
공감하는
세상을
만들다

김홍탁
제일기획 국장

**96**

문학도, 광고를 만나다
98

아이디어의 아웃풋은
절대적으로 인풋에
비례한다
100

컨셉 싸움에서 공감
끌어내기
102

아트로 꽃피우는
마케팅 퍼포먼스를
지휘하라
104

크리에이티브 DNA,
크리에이티브 인사이트
107

기업의 운명을 바꾼
카피 하나: 어린이와
눈높이를 맞춥니다
110


생각의
꼭지점을
찾아라

박성준
TBWA 국장

**112**

아버지는 말 하셨지,
인생을 즐겨라
114

혼자만의 공간에서
후두엽을 압박하라
120

널리 사람을 즐겁게 하라,
弘興人間
121

One Source, Multiuse
123

배우고 느끼는
작업을 즐기다
125

다 같이 힘을 풀고,
Relax!
126

## 승패를 결정짓는 1%에 집중하라

양준호
TBWA 부장

**128**

후속편이 기대되는
광고를 만들다
130

기계가 하는 것을
사람이 왜 못해?
134

1%에 집중하라
137

커뮤니케이션은
서로를 채워주는 과정
139

대중문화를 높이는
광고, '나'를 버리는
작업
143

동선의 오차를 최대한
줄여라
146

## 전방위 크리에이티브를 사수하라

유제상
웰콤 부사장

**148**

브랜드 중심으로
사고하라: Car love S-oil
150

카피로 소비자에게
말 걸기: 나는 누구인가?
153

집중! 집중! 집중!
155

광고는 죽지 않았다,
여전히 위대한 광고의 힘
157

아이디어 임파서블
158

광고는 크리에이터의
애정을 먹고
159

## 사람과 시장을 모른다면 크리에이티브에 손대지 마라

이봉재
이노션 국장

**162**

생각의 틀을 깨다:
선영아, 사랑해
164

엔디 워홀이라면
어떻게 했을까
166

니들이 게 맛을 알아?
167

치열한 대화에서 찾는
절묘한 아이디어
169

죽은 제품에 생명을
불어넣다
171

크리에이티브로
마케팅을 장악하라
173

미안하다, 끝까지 한번
가보자
176

세상에
없던
세상이
기다리는
강력한
하나만을
남긴다

이정락
제일기획 상무

**178**

멀리 더 멀리 나를 찾아
간다, 다음에서 만납시다
180

대화에서 찾는 심플하지
만 강력한 하나
184

문화에 열린 사고로
세계와 소통하다
185

당신의 경쟁상대는 누구?
Show!
187

통찰력으로
당연한
기대를
따돌려라

이현종
와이즈벨 사장

**188**

Look! 최고의 영상미
190

나중된 자 가운데
먼저된 자
194

전선이 있는 풍경에서
바람과 함께 사라지다
196

사람에 대한 공부,
인간에 대한 보고서
199

광고는
비주얼과
카피의
행복한
결혼이다

조익명
TBWA Executive CD

**202**

낯선 크리에이터에게서
사람의 향기를 느끼다
204

잠자기 전에는 생각하지
마라, 불면증에 빠지리니
208

카피가 되는 비주얼을
만들어라
208

프로듀서 시스템,
힘주어 말하다
210

광고대행사는 특별해야
213

돈 받고 하는 허가 받은
예술 행위
215

아닐 非
자에서
새로운
세상이
시작된다

허유근
LG애드 상무
218

epilogue
크리에이티브
상자를 닫으며
233

이곳은 바람이
지나가는 자리니까요
220

남에게서 찾는
아이디어,
크리에이티브 리더십
224

외곽에서 핵심으로
226

남자만 마시는 맥주?
228

언제나 Something New
230

넘어져라, 또 넘어져라
231

게
을
것

하는 것이 제가 하는 일이고 제가 만드는 광고입니다.

어떻게 하면 같은 제품을 다르게 바라보게 만들 것인가,

떙
른
선
들
가

소비자들은 같은 제품에 대해서도 다른 느낌과 다른 감정을 갖기 마련이죠.

어
다
시
만
인

Lee Jee Hee

쁘렝땅 백화점 • 교보생명 • 지오다노 • 대우건설 푸르지오 • 래네즈 "Everyday new face"
끌라쎄 김치냉장고 • 현대카드S

# 모두가 따라하는 그녀의 노래

언제부터인가 국내에서도 중저가 캐주얼의류가 화장품만큼의 엄청난 부가가치를 지니며 큰 인기를 누리고 있다. 그리고 그 중심에는 국내 브랜드 닉스와 홍콩에서 수입되어 지분 50%로 합자 설립된 지오다노가 있다. 이렇게 해외 브랜드에 열광하던 한국 젊은이들의 취향을 바꿔버린 결정적인 사건은 다름 아닌 광고였다. 한국 의류시장에서 큰 비중을 차지하는 중저가 캐주얼 브랜드의 혁명을 주도한 사람, 이지희 부사장을 만났다.

'호호 아줌마' 라는 별명을 가진 이지희 부사장. 상상대로 모나지 않은 이미지의 이 부사장에게 그 별명은 썩 잘 어울리는 것 같다. 그러나 단지 외모만 닮아서 붙여진 별명은 아니란다. 잡담 중에도 모르는 이야기가 나오면 꼭 짚고 넘어가는 그녀. 화제가 될 만한 영화는 개봉하는 날에 꼭 봐야하고 새로 나온 제품은 라면부터 샴푸까지 다 맛 봐야 한단다. 무엇보다 사람 살피길 즐겨하는 동그란 눈 때문에 그런 별명이 붙여지지 않았을까 한다. TTL, 라네즈 같은 세련되고 감각적인 광고를 만들어 내면서도, 교보생명 기업PR과 같이 가슴 한 구석에 따뜻함이 저며 오는 감성적인 광고를 만들 수 있었던 것도 소비자의 마음을 꿰뚫는 호기심 덕분이었을 것이다.

80학번답지 않은 동안의 이지희 부사장은 자녀가 벌써 9학년, 한국 학제로는 중학교 3학년이라는 말로 필자를 두 번 놀라게 했다. 오리콤에서 카피라이터로 광고생활을 시작한 그녀는 10년 만에 부장으로 승진하며 크리에이티브 디렉터가 되었다. 당시 커리어우먼들에게 10년 만에 부장 승진은 거의 불가능한 일이었다. 지금은 광고대행사에서 근무하는 많은 여성 크리에이터들이 국장 이상 전무까지 주요 직책을 맡고 있지만, 능력은 인정받으면서도 여성이라는 이유로 진급에서 뒤처지던 시절이 분명 있었다.

인터뷰 중에 이 부사장은 필자의 마음에 꼭 와 닿는 좋은 아이디어를 내 놓았다. 그녀의 대표작 중 하나인 지오다노 광고에 대한 언급이었다. 그동안 빅 모델을 너무 많이 써왔기 때문에 한 번 더 새롭게 바뀔 수 있는 여지가 남아 있다는 것. 워낙 브랜드 파워가 있는 브랜드이기 때문에 작은 변화로도 눈에 띄는 기회를 제공할 것이라는 견해였다. 많은 광고들이 빅 모델 파워로 쉽게 자리를 잡고는 그 틀 안에서 벗어나지 못하고 모델만 바꾸어 가며 광고를 집행하는 것이 사실이다. 그러나 브랜드 인지도와 선호도가 확고하다면 굳이 모델에 의지하지 않고도 아이디어로 승부하며 브랜드 수명을 연장할 수 있다. 그런 면에서 이 부사장의 견해는 믿음직하고 든든한 크리에이터의 존재를 확인시켜 주는 것 같아 고맙기 그지없었다.

지오다노 광고는 브랜드를 최단시간 내 확실히 포지셔닝한 의류 광고 성공사례로 꼽힌다. 화이트커뮤니케이션즈 시절 이지희 부사장은 지오다노가 전혀 알려지지 않은 상황에서 당시 젊은이들의 우상이었던 정우성, 고소영, 전지현을 모델로 기용하여 스토리 없이 춤추고 깔깔대며 정신없이 노는 그들의 모습을 보여주었다. 예상치 못한 빅 모델들의 향연에 젊은 층은 열광했고 매장은 복작거리기 시작했다. 결국 믿을 수 없는 연간 2,000억 원의 매출신화가 탄생한 것이다. 광고주는 이지희 부사장이 웰콤으로 자리를 옮기면서 함께 이동했고 지오다노는 계속해서 빅 모델들로 번쩍거렸다. 정우성, 전지현, 고소영에서 최민식, 에릭, 장동건, 그리고 최근 들어 이준기, 이효리까지… 젊음의 심벌이 되고 싶은 배우들은 이 광고에 출연을 자진한다는 전통이 생겼다. 얼마 전에는 원 씬one scene*으로 스타들의 장난기 있는 노래 한 꼭지를 담는 'Live지오다노'로 변화를 주었는데 솔직히 기대에 못 미쳤다고 한다. 김양훈 크리에이티브 디렉터가 최근 시리즈를 이어가고 있고 연출은 초기 몇 편을 제외하고 알파빌의 박성민 감독이 주

한 장소에서 한 번에 촬영되는 기법 ★

도하고 있다.

사람들은 이지희 부사장의 대표작으로 2004년 대한민국 광고대상을 수상했던 교보생명의 "마음에 시 하나, 노래 하나" 시리즈를 거론한다. 교보생명의 광고는 "당신을 위한 조연"이라는 슬로건으로 휘닉스커뮤니케이션즈에서 집행되다가 코래드로 대행이 바뀌면서 히딩크 감독 전속의 "하늘만큼 땅만큼"으로 꽤 오랫동안 사람들의 기억 속에 자리 잡았었다. 그러다 다시 웰콤으로 대행이 넘어가며 잔잔하지만 깊은 감동소구로 선회하게 된다. 빅 모델의 힘을 빌렸지만 한국 사람들, 특히 중년남성들이 힘든 상황에서 애창곡을 흥얼거린다는 소비자 인사이트consumer insight*를
눈에 보이지 않거나 겉으로 보이지 않는 소비자 심리 *
발견하여 큰 공감대를 불러일으키도록 설계된 이 TV-CF 시리즈는 일관성을 유지하며 진행되었다.

그중 가장 많은 사랑을 받았던 것은 역시 최민식 편이었다. 등만 보이는 친구를 향해 "거치른 들판으로 달려가자~"고 노래하며 낙담한 친구를 위로하는 아주 간단한 상황으로, 영화 〈웰컴투 동막골〉을 완성하기 전이었던 당시 잉크스팟의 박광현 감독이 연출을 맡았다. 인지도와 선호도가 모두 최고였던 이 광고는 사람들의 화제에 올랐고, 개그 소재로 패러디되기도 했다. 최민식 편은 봄여름가을겨울의 '어떤 이의 꿈'과 김수철의 '젊은 그대', 두 가지로 편집되었는데, 결국 방송에 나간 것은 대중성이 더 높다고 판단된 후자였다. 이어 비와 설경구, 김희애, 한석규 등의 빅 모델들로 시리즈를 이어갔고 2004년 대한민국 광고대상의 영예도 안았다.

이지희 부사장의 최근 작품인 대우건설 푸르지오는 다른 고급 브랜드 아파트 광고들 중에서 유독 눈에 띄었다. 특히 2004년 6월에 집행되었던 푸르지오 광고는 확실히 그간의 시리즈와는 달랐다. 그 이유가 '하쿠호도 제일에서 웰콤으로 대행사가 바뀌어서' 만은 아니었다. 갑자기 불어 닥친 고급 주상복합 아파트 바람으로 당시 아파트 광고들

은 저마다 고급스러움을 표현하기 시작했다. 빅 모델들을 앞세워 자연주의 설계를 따랐다거나, 아파트 실내에 호수와 잔디가 있다고, 심지어 아파트 거실에 조그마한 시내가 흐른다며 거의 비슷비슷한 비주얼과 메시지로 소비자를 혼란스럽게 했다. 그런 틈에서 푸르지오는 갑자기 얼굴을 확 바꾸고 색다른 메시지와 비주얼을 선보였다. 그것은 확실히 차별화된 크리에이티브였다.

그녀가 입는 것은 유행이 된다

그녀가 보는 것은 베스트셀러가 된다

모두가 그녀를 따라한다

그런 그녀가 푸르지오로 이사 가자고 한다

그녀의 프리미엄 푸르지오

확실히 독특한 비주얼이었다. 수십 명의 김남주 복제인간들이 그녀를 따라하는 모습은 마치 보들리야르*나 발터 벤야민*의 생각을 영상에 담은 듯했다. "그녀의 프리미엄"이라는 슬로건으로 계속되는 이 시리즈는 이지희 부사장과 Zoo프로의 김종원 감독이 빚은 뛰어난 기획과 영상의 결과물로 주목과 사랑을 받았다. 솔직히 '그녀를 따라한다'라는 카피가 '이지희를 따라한다'로 들리는 것 같았다. 그런 느낌을 광고계 사람들도 받았던지 이 푸르지오 광고는 인터넷상에서 '가장 느끼한 광고 1위'로 뽑히기도 했다. 그러나 안타깝게도 최근 대우건설이 금호와 합병되면서 대

★ 시뮬라시옹과 시뮬라크로라는 이미지 복제의 개념을 제시한 프랑스의 포스트모던 철학자

★ 1935년 "기술복제시대의 예술작품"을 쓴 독일 사상가. 아우라의 개념을 제시하며 대중문화를 학문으로 이끌었다.

행은 상암커뮤니케이션즈로 넘어갔다.

크리에이티브 디렉터이자 브랜드 디렉터로서의 프로페셔널을 보여주는 이지희 부사장은 인터뷰 말미에 미국에 있는 아들의 사진을 보여주며 사진을 향해 사랑스런 눈길을 보냈다. 세상에 대한 끝없는 사랑과 관심을 가진 그녀가 내놓은 브랜드들이 어떻게 꾸준히 성장할 수 있었는지를 짐작할 수 있었다.

## 여자, 오길비를 꿈꾸다

신문방송학을 전공했는데, 전공 카테고리 안에 광고가 있었어요. 4학년 때 진로를 정하던 중 신문사, 방송국, 광고회사를 놓고 많이 고민했죠. 그러다가 《어느 광고인의 고백Confessions of an Advertising man》이라는 책을 봤는데, 데이비드 오길비David Ogilvy가 엄청나게 잘 살더라고요. 그래서 돈과 명예를 한꺼번에 쥐어 볼까하고 84년에 오리콤에 입사했어요. 처음 입사할 당시는 대졸 여직원이 조사부 쪽에 이경희 씨와 저, 단 두 명 밖에 없을 정도로 광고대행사에는 여직원이 없었습니다.

제가 80학번이니 광고 일을 한지 20년이 넘었군요. 오리콤에서 카피라이터로 시작해서 10년 동안 카피라이터 생활을 하다가 두산 그룹 최초로 여성 부장이 됐어요.*

★오리콤은 두산 그룹 계열사이고 제일기획은 삼성그룹 계열사.

95년에는 웰콤으로 와서, 캠페인 디렉터를 맡았죠. 캠페인 디렉터
이처럼 대기업들이 계열 내에 광고대행사를 갖고 있는 경우가
는 웰콤에서만 시행되고 있는 직책입니다. 제작, 기획을 모두 총괄하고
있는데 이를 인하우스에이전시라고 부른다.
총체적으로 브랜드를 관리하는 역할을 했습니다. 지금은 담당 브랜드의 커뮤니케이션, 광고, PR 등 전체적인 브랜드 커뮤니케이션의 방향을 잡고, 브랜드 관점에서 다양한 미디어를 총괄하는 브랜드 디렉터를 맡고 있습니다. 중간에 잠깐 화이트커뮤니케이션즈에 있었어요. TTL 런칭 후 들어가서 2년 정도 TTL을 담당했고 카라, 팅 등을 그때 직접 런칭시켰죠.

아주 오래전 일인데, 쁘랭땅 백화점 런칭 때 지하철 광고가 있었어요. 그때 "여러분은 지금 쁘랭땅으로 가는 전철을 타고 계십니다"라는 카피를 썼는데, 그걸로 카피 상을 받았고 인터뷰도 하기 시작하고

조금 유명해졌던 것 같아요. 그 뒤로 클라이언트 복이 있었는지 좋은 브랜드의 광고를 많이 맡아왔습니다.

처음 카피라이터로 오리콤에 들어갔을 때 바디카피 연습하기 제일 좋은 클라이언트였던 대한항공을 6개월 정도 담당했어요. 누구라도 쓸 수 있는 '서울 동경 주 2회 취항' 같은 카피들을 어떻게든 다르게 쓰려고 했었죠. 그러나 결국 '서울 동경 일주일에 두 번 편하게 다녀오세요' 수준이었어요.

그러고 보면 광고주보다 동료, 후배 복이 더 많았나 봐요. "그녀가 원한다면 그렇게 해야 합니다" SK텔레콤 카라, 라네즈 "Everyday new face", 모두 함께한 팀원들의 작품입니다. 웰콤에서는 쟁쟁한 선배들 복이 있었어요. 김태형 선생님, 박우덕 사장님, 문애란 대표님까지… "좋은 일이 기다립니다" 신세계백화점, "물오른 여자" 에바스, "하나만 생각하세요" 하나은행, "마음에 힘" 교보생명, "그녀의 프리미엄" 푸르지오, 가장 최근에는 "돈 이야기는 대우캐피탈에서 합시다"를 만들었어요. 교보생명이 작년에 큰 상을 받는 바람에 사람들이 제 대표작으로 교보생명을 꼽게 되었지만 결코 혼자 이룬 일은 아닙니다.


## 서점, 극장, 시장에서 힌트를 찾아라

가장 크리에이티브한 사람이 어떤 사람이라고 생각하세요?

많은 자료들을 간단히 정리해 내는 능력이 가장 우선이죠. 대부분의 광고주는 자신들의 제품에 관해 하고 싶은 말이 많아요. 제품, 소비자, 시장, 경쟁사 등의 관련 자료도 너무나 많죠. 그 많은 하고 싶은 말들을 하나로 정리해 낼 수 있는 능력이 필요해요. 일을 맡고 나면 우선 관련된 모든 자료들을 숙지합니다.

그 다음은 여기 저기 기웃거리는 일을 하죠. 서점에 가서 베스트셀러가 되는 책들도 보고 현재 소비자의 트렌드가 잘 드러나 있는 흥행 영화들도 빼놓지 않고 다 봅니다. 지금 이 시점에 소비자가 어떤 환경에 놓여있으며 어떤 것에 관심이 있는 지 코드를 맞추고 그 속에 숨어 있는 '무엇'을 읽어내야 해요. 소비자를 만나고, 관찰하고, 혼자 있는 시간도 가지면서 제품의 장점이나 브랜드에 관해 우리가 말하고자 하는 것들을 단 한마디로 전달할 수 있는 힌트를 찾아내려고 애쓰죠. 그걸 찾아내면 컨셉이 강력한 광고를 만들 수 있어요.

또는 소비자가 알고는 있었지만 미처 깨닫지 못하고 있었던 제품과 관련된 '어떤 것'을 찾는 작업에 가장 힘을 쏟아요. 듣는 순간 '아, 맞다!' 하고 무릎을 칠 수 있는 하나의 소비자 인사이트를 찾아내면 그 광고는 성공합니다. "열심히 일한 당신, 떠나라" 현대카드나 "오래 오래 입고 싶어서" LG트롬 같은 웰콤광고가 인사이트를 발견한 대표적인 사례라고 할 수 있습니다.

사실 젊었을 때는 대인공포증이 있었답니다. 사람들하고 이야기도 잘 못하고 얌전한 성격이었죠. 최근에 와서 조금씩 '프레젠테이션을 잘 한다'거나 '설득력 있는 목소리다'라는 말들을 듣는데 솔직히 스스로 100% 만족스러웠던 PT는 한 번도 없었습니다. 다만 공을 많이 들여 준비할수록 '이건 내가 직접 팔아야겠다'는 욕구가 생겨요. 그때부터 흥분이 되면서 서서히 싸움닭으로 변해가지요.


## 새로움, 놀라움으로 유행을 창조하라

프로스펙스의 정신대 광고, 참존의 청개구리 광고, 삼성전자 문단속냉장고 광고 등이 나올 때 '웰콤식 광고' 라는 말이 있었습니다. 여기에 그치지 않고 그 뒤에도 웰콤에서는 웰콤식 광고가 나왔습니다. '그 광고대로' 라는 요구를 받는 순간 이미 뒤처지고 실패한 광고가 됩니다. 유행을 쫓는 광고가 아니라 '유행을 만드는 광고' 가 되어야죠. 새로움, 놀라움이 있어서 돈 보고 가던 사람도 일단 멈추게 해야 크리에이티이브로 승부할 수 있다고 봅니다.

물론 잊지 말아야 할 것은 제품 또는 브랜드와의 연계성입니다. 더불어 브랜드를 더 탄탄하게 만드는 광고라면 위대하다는 소리를 듣겠죠. 그러나 그 정도에 만족할 수는 없습니다. 광고 자체가 기업이나 브랜드의 자산이 되어 '광고 때문에 그 브랜드가 좋아진다' 는 말을 듣고 싶습니다.

사실 제가 만든 광고는 모두 애착이 가죠. 현대카드S를 런칭했고, 지오다노는 지금 8년째 하고 있습니다. 지오다노 같은 경우엔 작년에 TV를 하지 않는 대신 인터넷과 영화관에 올렸어요. 그랬더니 소비자들이 인터넷 다운로드를 많이 받아서 효과가 굉장히 좋았습니다. 그 이후로는 클라이언트께서 TV광고를 안 하고 싶어 하세요. 지오다노는 누가 클라이언트고 누가 대행사 사람인지 모를 정도로 서로 토론을 즐기고 의견을 존중하며 광고를 만들어요. 제작, 감독, 디자이너, 심지어 모델까지도 모두 열정이 있어서 일이 잘 되는 것 같아요.

최근 웰콤에서는 교보생명, 푸르지오, 하나은행, 대우캐피탈 등을 담당하고 있습니다. 저희 클라이언트 중에는 No.1 브랜드 보다는 No.2 브랜드가 많아요. 브랜드 각각의 아이덴티티를 지켜주는 균형 감각도 필요합니다. 예를 들어 대우전자는 지금 가전 3사 중에 제일 힘들어요. 예를 들면 삼성전자는 제품도 많이 팔리고 빅 모델을 가지고 있지만 대우전자는 그렇지가 않아요. 그래서 무엇보다 임팩트가 강한 광고를 원해요. 이럴 때 웰콤은 도전적 아이디어를 준비하죠. 열악한 상황은 오히려 폭발적인 광고를 할 수 있는 기회라고 생각합니다.

## 전략 안에서 자유로워지다

기네스맥주 광고를 만든 존 헌터, 폭스바겐 광고를 만드는 디렉터를 대단하다고 생각합니다. 그리고 탈심 감독을 굉장히 좋아해요. 나이키, 코카콜라 등 깐느에서 상을 많이 탄 감독이에요. 크고 푸른 바다에서 코끼리가 수영으로 코카콜라를 집는 대신 땅콩을 딱 놓고 나오는 내용의 다이어트코크 광고를 만들었어요. 아주 정서적이죠. 그 광고랑 베니스를 물 대신 호밀 밭으로 다 채워서 사람들이 굉장히 풍요롭게 유유자적하는 모습을 담은 제과회사 광고도 만든 사람입니다.

그 감독의 깐느 인터뷰 기사가 인상적이었습니다. 기자가 '어떻게 그렇게 크리에이티브한, 천재적인 생각을 해 냈느냐'고 물었더니, '천재적인 생각이 아니라 내가 어렸을 때 인도에 살았는데, 집 앞에 있는 강에서 코끼리가 수영을 하더라, 그래서 한번 해본 것이다. 그렇게 천재적인 생각은 아니다' 라고 답하더군요. 이런 식으로 아주 가볍게 생각을 해요. 그러면서도 제품과 상황이 똑 떨어지도록 제품과의 연계성도 절대 놓치지 않지요.

좋은 광고를 만드는 사람들은 전략적이면서도 그 전략 안에서 굉장히 자유로울 수 있는 사람이 아닌가 하는 생각이 들어요. 저도 그런 부분을 닮고 싶고요. BBDO에서 만든 조니워커 광고도 인간이 물고기처럼 수영해서 달리는 식의 '리마커블Remarkable 한' 표현이 마음에 듭니다.

## 믿음보다 더 좋은 자극제는 없다

오리콤 시절, 15년 정도 유레카의 김규환 감독과 많이 작업했어요. TTL할 때의 박명천 감독과도 잘 맞고요. 최근에는 김종원 감독과 차은택 감독, 소위 A급 감독님들과 계속 일을 하고 있죠.

저는 감독이나 프로덕션하고 작업할 때 '제일 잘 하는 사람과 일하자' 는 생각이 강해요. 광고는 개인 작품이 아니라서 저랑 코드가 맞는 것도 중요하지만, 감독이나 디자이너 모두 정말 잘 하는 사람을 선택해서 최상의 작업을 할 수 있도록 하는 것이 좋다고 믿어요. 새로운 감독이나 새로운 시도를 하지 않는 것에 대해서 비난을 받기도 하지만, 아직까지는 '베스트에게 베스트를 하게 하자' 는 게 제 원칙입니다.

제가 가장 고맙게 생각하는 클라이언트는 지오다노의 한준석 사장님, 믿어 주시니까요. 가장 놀랍다고 생각하는 클라이언트는 교보생명이에요. 요즘은 광고주기가 참 짧아요. 시리즈라고 3개월, 6개월 이상 참아주는 광고주가 거의 없거든요. 그런데 교보생명의 신창재 회장님은 언제나 전문가 의견을 존중하시고, 흔들리지도 않으세요. "마음에 힘" 캠페인 때 광고를 쉽게 사주실까 걱정도 했지만, 끝까지 믿어주시고 브랜드 철학과 맞는 광고라고 격려 해주셨어요. 항상 감사하고 책임도 많이 느낍니다. 그런 클라이언트를 만나면 그 브랜드에 대한 책임감이 너무 많이 느껴지죠. '다음 번 광고를 어떻게 해야 하나, 내년은 어떻게 끌고 가야 하나' 하고 항상 고민하게 됩니다. 믿음만큼 이 지희를 스스로 움직이는 게 하는 힘은 없어요.

한샘의 조창걸 회장님, 작업하는 동안 '3류' 소리 들어가며 마음고생이 많았는데 그 분께 배운 것이 참 많았어요. 회의에 들어갔다 하면 받아 적느라 바빴어요. 우리나라 사람으로서의 자부심을 처음 일깨워 주신 분이세요. 그리고 현대카드 정태영 사장님은 굉장히 다른 시각으로 광고를 선택하시는 분이죠. 현대카드는 경쟁에 들어갔다가 이긴 것도 있지만 진 것들이 더 많아요. 채택여부에 관계없이 그 광고가 나올 때까지 사장님의 광고를 보는 시각에 대해서 한 번 더 주목하게 되더군요.

무엇보다도 저희 웰콤의 박우덕 사장님이 만들어 내고 있는 SM 시리즈들을 보면 많은 자극을 받아요. 박 사장님께는 존경심과 질투심을 함께 느낍니다. 오늘 마침 중앙일보 광고대상 심사를 갔었는데요.

자동차 부분에 세 작품, 다섯 작품씩 가려서 일등, 이등, 삼등을 뽑았어요. 저는 같은 회사라서 투표권이 없었는데 모두 SM이 뽑혔어요. 아무래도 같은 회사이다 보니까 옆에서 박우덕 사장님이 어떻게 광고를 만드시는지 보게 되는데요. 가장 좋은 마지막 하나를 위해 수십 번 생각하시고 수십 번을 엎으시니까 좋은 결과물이 나올 수밖에 없는 것 같습니다. 제가 그렇게 못하니까 그런 철저한 태도도 싫고, 저 스스로에게 너무 화나고 그래요. 그 분과 일하면 놀라움과 좌절감이 계속 반복되죠. 엄청나게 좋아하면서도 엄청나게 싫어해요. 다른 회사에서 만든 것 중에는 TBWA 박웅현 CD가 만든 네이버 광고가 좋았어요. 제게 큰 자극이었습니다.

크리에이티브 디렉터는 '전부' 라고 생각해요. 크리에이티브 디렉터는 모든 걸 결정하고 모든 걸 만들어 내는 전지전능한 사람이 되어야 한다고 생각합니다. 시장을 읽는 동물적인 감각도 있어야 하고, 끊임없이 새로운 것을 추구하고 선택할 수 있는 눈도 있어야 하죠. 광고의 모든 것을 만들어 내고, 모든 것을 할 수 있는 사람이 크리에이티브 디렉터가 아닐까요?

저는 사람과 잘 놀아요. 만나서 노는 건 아니고 영화에서, 책에서, 뮤지컬에서, 콘서트에서, 백화점에서, 거리에서… 배우나 가수도 즐기지만 그들을 바라보는 관객도 즐기죠. 또 실제로 다양한 연령대의 다양한 직업을 가진 사람들과도 어울려요. 영화 기획자, 문화부 기자, 재경부 기자, 잡지사 편집장 등과 만나서 광고가 아닌 다른 이야기로 수다 떠는 걸 굉장히 즐겨요. 사람과 노느라고 늘 바쁜 셈이죠.

　가끔 영화 시나리오 작업이나 작사를 해보지 않겠느냐는 제의가 들어옵니다. 작사시장에도 마켓이 있어요. 예를 들어 조용필 씨가 부를 만한 노래를 작사할 수 있는 사람은 아직 양인자 씨뿐인 거죠. 나이든 작사가가 없는 거예요. 7080의 정서를 표현할 작사가가 없다고 저한테 작사를 해달라는 겁니다. 드라마 작가, 시나리오 구성, 작사 이런 쪽에 관심이 많거든요. 한번 해보고 싶다는 생각도 들어요. 아마 광고를 안 했으면 대중문화를 만드는 일을 하지 않았을까 싶네요. 함께 즐길 수 있는 콘텐츠를 만드는 그런 작업들을 하지 않았을까요? 아! 그림도 좋아하니까 그림 장사했을 지도 모르겠군요.

새로운 화학반응을 일으켜라

크리에이티브는 일종의 화학반응이라고 생각합니다.

사람들에게 전에 없던 새로운 물질이 생성되는 거죠.

**Jang Seung Eun**

SK Telecom
통화품질에
끌리는가?
끌리면 오라
016.018 그대로
SK텔레콤으로 오세요
BC카드 ● SK텔레콤 "끌리면 오라" ● 형상 ● 그린타임 ● 담채

## 끌리면 오라! 아름다운 감성 카리스마

사람의 심리, 소비자 인사이트를 파고드는 광고를 좋아하는 장승은 부장. 크리에이티브 디렉터로서는 많지 않은 나이임에도 불구하고 자신의 팀을 이끌어 나가는 그녀에게는 묘한 카리스마와 함께 사람의 마음을 소중하게 생각하는 아름다움 또한 베어 나왔다. 종이 위에 펜으로 메모해나가며 아이디어를 발전시키는 자신의 모습이 촌스러운 것 같다는 장승은 CD. 그녀의 매서운 펜 끝에서는 아무나 흉내 내기 힘든 세련됨이 묻어난다.

항상 직접 뛰어 다니고 남들보다 더 많이 일 하는 프로-장승은 CD. 다른 사람들이 알아주는 작품보다 팀원들과 함께 처음부터 끝까지 노력해서 얻어낸 결과물에 더욱 애착이 간다는 그녀는 많은 혼과 노력, 그리고 기발한 실험정신이 깃든 순수예술 작품들을 좋아한다고 한다. 장승은 부장이 크리에이티브에 쏟는 헌신적인 노력과 새로운 것을 창조해내기 위해 투자하는 시간은 아마도 숫자로 환산하기 어려울 것이다. 이번 인터뷰 대상자 중에서 가장 젊고 패기만만한 여성 크리에이티브 디렉터를 만났다. 장승은 부장은 30대 초반의 나이에 많은 팀원들과 프로젝트를 책임지는 크리에이티브 디렉터가 되어 늠름하게 광고 현장을 지휘하고 있다. 필자는 그 나이에 간신히 차장 진급을 앞두고 있었는데 눈앞의 그녀는 이미 수많은 히트작을 갖고 있는 경력 3~4년차의 크리에이티브 디렉터라니….

자신 있는 눈초리와 똑 부러지는 말투의 소유자인 장승은 CD의 대표작은 "BC카드 빨간 사과" 시리즈, SK텔레콤의 "끌리면 오라" 시리즈, "SK텔레콤을 쓴다는 것" 시리즈, 야후의 검색포탈 "거기가 열렸어요" 시리즈 등이다. 대부분 그레이프커뮤니케이션 시절의 작품들이다. 그녀는 카드 업계의 공존의 히트작인 BC카드 캠페인 때문에 그레이프커뮤니케이션에서 일 해보고 싶었다고 한다.

“BC로 사세요, 여러분 부자 되세요” 등의 카피를 담은 BC카드 캠페인의 영향력은 대단했다. 대기업의 카드업계 진입으로 완전히 선두자리를 내어주었던 BC카드는 일련의 광고 캠페인으로 업계 정상의 자리를 되찾았다. 이문세, 장미희, 김정은 등의 빅 모델 시리즈와 시간이 흐른 후에도 많은 소비자에게 각인되어있는 “여러분, 부자 되세요” 카피 덕이었다. 특히 “여러분, 부자 되세요” 광고는 소비자에게 확실히 각인되는 카피로 연초에 단 한 달간 운행되었는데도 불구하고 마치 6개월을 본 것처럼 기억된다. 거대한 카드업계 시장의 순위 변동을 일으키기에 설득력과 인지도 면에서 모두 부족할 게 없었다. 이 광고의 매력에 끌린 장승은 부장은 휘닉스커뮤니케이션즈에서 그레이프로 회사를 옮겼고 BC카드 팀에서 카피라이터로 일하게 된다. 전임 팀장에서 크리에이티브 디렉터가 된 후 책임 진행한 후속 시리즈가 “BC카드 빨간 사과”이다.

빨간 사과 시리즈 중 신비한 분위기의 고물상으로 들어가는 영화 같은 스타일의 광고는 무척 흥미로웠다. ‘좋은 뉴스만 나오는 TV는 없나요?’ 라는 생뚱맞은 질문에 고물상 주인은 의미심장하게 빨간 사과를 내민다. 구입한 TV를 집에서 켜고 ‘우리 경제가 살아나고 있다’ 는 뉴스를 보며 빨간 사과를 한입 와삭 베어 무는 모델의 모습 위로 ‘이루어질 거예요. 당신의 빨간 사과 BC카드’ 라는 자막이 떠오른다. 이 광고의 의미는 2003년 초반의 어려운 경제상황에서도 찾아볼 수 있을 것 같다. 소비를 부추길 수밖에 없는 신용카드의 태생적 기능에다 힘든 상황을 함께 헤쳐 나가자는 제안을 알듯 모를 듯 보태는 세련된 기지가 돋보이는 광고였다.

이 시리즈는 각 편마다 동일한 모델을 유지하며 슬로건과 접근방법에서 점점 진화했다. 그리고 소비자의 인사이트를 파고드는 이야기의 구성능력이 잘 드러나는 시리즈가 탄생되었다. 선물하고 싶은 제품의 가격이 너무 비싸서 진열장만 기웃 거리는 모델의 간절한 표정에 '이루어질 거예요. 당신의 빨간 사과' 라는 주문과도 같은 자막이 지나가면, 마술처럼 판매원이 '30% 세일' 이라는 태그를 진열장 위로 부치는 것이 아닌가. 그야말로 '있을 수 있는, 혹은 없어도 그만' 인 상황이지만 BC카드의 경제적 판타지를 불러일으키는 기분 좋은 메시지였다. 그 외에도 같은 맥락의 "당신의 빨간 사과" 시리즈가 몇 개 더 집행되었다. 특히 "부자 되세요" 와 "아빠 힘내세요"는 '어려운 경제 상황에서도 당신을 도울 수 있는 카드' 라는 컨셉으로 브랜드와 소비자 사이에 가교를 놓아준 시리즈라고 볼 수 있다.

장승은 CD를 유명하게 만든 "SK텔레콤을 쓴다는 것" 시리즈가 집행되던 시기는 핸드폰 번호는 유지한 채 통신사만 이동할 수 있는 획기적인 상황이 전개 된 때였다. 각 통신사는 타사의 고객을 끌어 오기 위해 사활을 걸고 광고에 엄청난 물량을 쏟아 부었고, 단기간에 집중력과 인지도를 높이기 위한 빅 모델 광고들이 각축을 벌였다. 살 떨리는 광고전에 운명을 맡길 수밖에 없었던 것이다. 그런 상황에서 'SK텔레콤을 쓴다는 것" 시리즈는 분명 차별화된 모양새를 갖추고 있었다.

타사가 통신사를 이동해야 하는 이유, 혹은 이동하면 안 되는 이유를 빅 모델의 입을 통해 구구절절 설명하고 있을 때 SK텔레콤은 확실히 선두 브랜드가 갖는 여유를 보여 주었다. 엘리베이터 안에 두 여자가 있다. 한 여자의 통화는 엘리베이터 안이라는 통화 악조건에도 불구하고 계속된다. 물끄러미 그녀를 바라보는 엘리베이터 안 다른 여자. 그 위로 떠오르는 자막 "끌리면 오라", 말이 필요 없는 상황과 영상으로 모든 걸 웅변해 주는 훌륭한 광고다. 두 여자가 마주보는 모습이 어디선가 본 것 같은 레이아웃이라는 지적도 있었지만, 자신만만한 크리에이티브와 컨셉의 조화였다. 대학생들이 가장 좋아하는 광고 중 하나로 꼽혔던 이 광고는 특히 광고를 전공하는 학생들이 가장 배우고 싶어 하는 세련된 크리에이티브이다.

장승은 부장 본인이 좋아하는 광고로 꼽은 "SK텔레콤을 쓴다는 것"도 아기자기한 크리에이티브였다. 그 중 '준호 씨, SK텔레콤을 쓸 때입니다'와 '혜원 씨, SK텔레콤을 쓸 때입니다'의 크리에이티브는 실제 있을 수 있는 상황을 재미있게 표현한 수작이었다. 소개 받은 남자친구가 마음에 꼭 드는데 그 남자는 자신의 전화를 받지 않는다며 고개를 갸우뚱 거리는 여자모델, 실은 남자친구 준호 씨는 전화를 기다리고 꽃다발까지 준비했지만 터지지 않는 다른 이동통신사를 쓴 탓으로 전화를 받지 못했다는 상황설정, 늦게 나타난 남자친구에게 왜 전화라도 하지 않았냐며 신경질을 부리는 혜원 씨는 사실 잘 터지지 않는 다른 이동통신사를 쓰고 있기 때문에 전화를 받지 못했던 것. 결국 남자 친구는 화를 버럭 내며 떠나가는데… 이 때 흐르는 "혜원 씨, 이제 SK텔레콤을 쓸 때입니다"라는 충고. 사실 한국식 유머라기보다 유럽식 코미디 크리에이티브였다. 실생활에서 쉽게 찾아볼 수 있는 준호, 혜원이라는 친근한 이름을 사용한 것도 광고를 보는 재미에 한 몫 했다. 이 광고를 본 광고전문가들이 담당 크리에이터를 궁금해 하는 것은 너무나도 당연한 일이다. 그런데 생활주변 에피소드를 끌어내는 노련한 솜씨의 주인공이 30대 초반의 장승은 CD였다니. 밉고도 부러울 수밖에.

차세대 크리에이터의 선두 주자로서 광고계의 기대를 한 몸에 받고 있는 장승은 부장. 날마다 진화하고 있는 그녀의 오늘을 함께해보자.

## 노력으로 거머쥔 기회와 운

남들처럼 오랫동안 광고를 만들고 싶다는 꿈을 품은 것은 아니었어요. 영문학을 전공했고 졸업반 때는 방송국 입사시험을 준비했었습니다. 그때 일 년 먼저 졸업하고 광고대행사에 다니는 친구가 있었는데, 영화나 연극을 보면 문화비 명목으로 회사에서 돈을 환불받더라고요. 세상에 이렇게 좋은 직업이 어디 있나! 노는 게 다 도움이 된다는 거지, 내가 좋아하는 것들이 도움이 되는 직업이 있다니, 하는 생각을 했어요. 그래서 관심을 가지게 됐죠.

그렇게 오리콤에 지원을 했는데, 최종에서 떨어졌습니다. 오리콤이 한창 잘 나가던 때라 낙하산 부대도 많았어요. 최종 면접에 그 전 시험 때는 뵐 수 없었던 광고주 따님, 아드님들이 들어오시더군요. 비록 결과가 좋지는 않았지만 2차 면접 때 한 크리에이티브 디렉터께서 저를 잘 보셨나 봐요. 친구가 나가서 하는 작은 회사가 있는데 거기서 일을 해보지 않겠냐고 물어보시더군요. 그렇게 해서 광고 일을 시작하게 됐죠. 1년 반쯤 지나고 휘닉스커뮤니케이션즈에 가서 2002년까지 있었고요. 그 후 그레이프커뮤니케이션에 3년 정도 있다가 웰콤으로 오게 됐습니다.

저는 모든 클라이언트가 다 고마워요. SK텔레콤의 이석환 상무님, 제가 어리잖아요. 나이랑 상관없이 저를 존중해주시고 좋은 생각에 대해서는 높이 평가해주셨어요. 물론 야단도 많이 맞았어요. 무리한 요구도 많이 하셨죠. 하지만 뒤돌아 생각하면 모두 일리 있었어요. 밤도 많이 샜죠. 그러면서 많이 성장할 수 있었고요. 광고주가 '이건 아니다' 라고 하면 맞는데 왜 아니라 그럴까, 이런 생각도 들잖아요. 이 안案을 안 사주면 서로에게 너무 손해라는 생각도 하고요. 투덜거리기도 하고, 그런데 저는 인정이 되더라고요. 그래서 즐겁게 밤을 샜어요. BC카드라든가, SK텔레콤, 야후… 그런 대형 광고주들을 맡으면서 좋은 작품들을 하게 됐죠. 확실히 광고주 덕분이라고 생각해요.

그레이프에서 크리에이티브 디렉터 일을 시작했어요. 한 3년 정도 했고요. 제가 지금 34살이니깐 31살 때부터 시작한 거네요. 윗분들께서 많이 인내하시고, 지켜봐 주신 덕분에… 그리고 많이 귀엽게 봐주셔서 비교적 일찍 디렉팅을 시작할 수 있었어요. 특히 현재 삼성전자 상무로 계신 손정환 상무님께서 그레이프에 임원으로 계실 때 많이 믿고 존중해주셨거든요. 광고주 설득에 있어서도 큰 힘이 되어주셨고요. 그분 덕이 컸다고 생각합니다.

## 거기가 열렸어요

애착이라면 글쎄요, 사실 제가 만든 모든 광고에 애착이 가죠. 참 어려운 질문인데, 사람들이 좋아하는 광고와 제가 좋아하는 광고는 달라요. 히트와는 무관하게요.

다른 분들은 SK텔레콤을 가장 좋아하세요. 박우덕 사장님도 "끌리면 오라"든가 "SK텔레콤을 쓴다는 것"을 좋아하시는데요. 저는 두 가지를 꼽습니다. "SK텔레콤을 쓴다는 것" 캠페인 런칭광고였던 이발소 편이 있어요. 이발사가 머리 깎으려하면 손님이 고개를 숙이고, 또

깎으려면 숙이고. 그래서 저 사람 조는가 싶었는데 휴대폰 든 손을 올려주는. '아, 요걸 보느라 그랬구나' 하고 적응한 이발사 아저씨가 팔을 돌려서 각도 맞춰서 깎아주고… 이런 내용의 광고였어요. 저는 그 광고를 좋아합니다. 광고라기 보단 조금 다른 감感인데요. 야후 지역검색 경쟁PT에서 '거기'라는 브랜드네임을 제안해서 이겼어요. 브랜드를 만드는 작업이 개인적으로 보람도 있었고 인상적이었기 때문에 무척 좋아하는 광고입니다.

BC카드 "부자되세요"는 제가 한 것이 아닌데, 많이들 착각하세요. 제 전임 팀장현재 프로덕션 '산책' 의 박종률 감독의 작품입니다. 그 팀장님 때문에 제가 그레이프에 가서 그 후속캠페인 "당신의 빨간 사과 비씨카드입니다"를 하게 되었지요. "부자되세요"는 물론저도 굉장히 좋아하는 광고입니다. 그 광고 때문에 그레이프에 가게 됐어요. '어떻게 저런 걸 팔았을까? 어떻게 저런 매체 전략을 운영했을까? 오, 이런 재기발랄한 회사가 있나?' 하는 생각에서 회사를 옮겼습니다. 역시 나름대로의 이유가 있더라고요.


## 메모, 메모, 메모

제 아이디어 정리법은 무척 평범해요. 특색이 없어요. 그냥 업무 시간에 책상에 앉아서 메모를 굉장히 많이 하죠. 촌스러우리만큼 펜과 종이, 이런 걸 늘 가지고 다녀요.

음… 아까 어떻게 광고를 시작하게 되었는지 말씀드렸는데요. 그

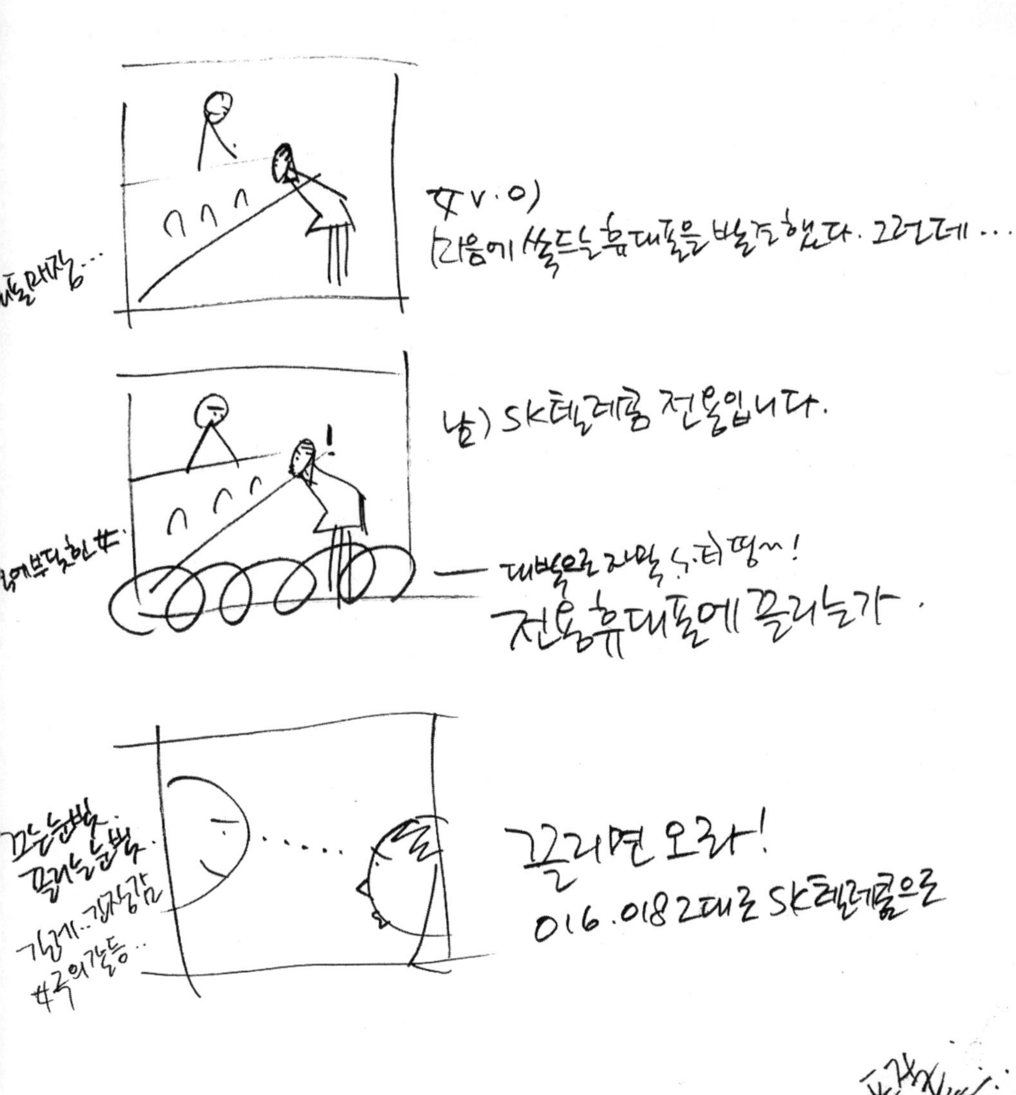


● 그냥 업무 시간에 책상에 앉아서 메모를 굉장히 많이 하죠. 촌스러우리만큼 펜과 종이, 이런 걸 늘 가지고 다녀요.

부분과도 조금 연관이 있을 수 있겠네요. 어릴 때부터 글 쓰는 걸 좋아했어요. 그래서 막연하게 글 쓰는 직업을 갖고 싶다는 생각을 했었어요. 광고를 만들지 않았다면 뭔가를 쓰고 있지 않았을까요? 시나리오나 소설, 시, 방송기사… 그랬을 것 같아요. 방송국 시험은 카메라 테스트까지 통과했지만 결국 가지 못한 길이지요.

외국에 부러운 크리에이티브 디렉터들이 더러 있어요. 최근에는 타농차이라는 태국감독이 좋아요. 박우덕 사장님 때문에 알게 됐는데 크리에이티브도 직접 하더라고요. 그 친구는 저와 공통분모가 있는 것 같아서 끌리기도 하고 샘도 나요. 28살이라는데, 나는 뭐했나 싶기도 하고… 국내에서는 물론 박우덕 사장님이죠. 그리고 최근에는 네이버 광고가 참 좋았어요. 다른 분들도 말씀하셨나요? 특히 그 카피 있잖아요, "잠깐 물 마시러 간 사이에 내일의 날씨를 놓치셨다면?" 너무 공감이 되요. 그런 인사이트가 있는 광고를 좋아해요. 그러면서도 브랜드에 확실히 도움이 되는 광고였던 것 같아요.

박종률 감독님과 스타일이 잘 맞아요. 오랜 시간 같이 지낸 선후배 사이라 그런지 이심전심 같은 게 있었어요. 세밀한 감정 묘사에 뛰어난 분이지요. 사람의 감정을 잘 끌어내고, 감정의 디테일, 차이를 잘 알고. 그런 걸 잘 묘사할 수 있는 감독이라 좋아합니다. 그리고 조원석 감독도 같은 측면에서 감정에 관한 또 다른 재능이 있는 것 같습니다. 아트적으로 잘 정리되어야 하는 콘티나 위트가 필요한 콘티는 박준원 감독과 같이 일해요. 지금까지는 그 세 분 정도가 잘 맞는 것 같습니다. 선배 감독님들은 모두 훌륭하시지만 김규환 감독님, 김종원 감독님은 너무 존경하는 분들이에요. 아무래도 제 나이 때문에 젊은 감독들이랑 일을 주로 하는 편이지요. 또 제가 사람 이야기, 생활 속의 드라마를 지향하다 보니 사실적인 표현력이 강점인 감독들과 작업을 많이 하는 것 같습니다. 아트워크artwork에서는 박기호 실장, 권용호 씨 등과 작업을 했을 때 아웃풋이 좋았어요. 사진 쪽은 아트 디렉터에게 많이 일임하는 편이고, 또 작업 할 때도 현장에 그렇게 많이 나가지 않는 편이라 함께 작업하는 사람이 편중되곤 해요.

## 현장의 중심에서 사랑을 외치다

크리에이티브의 권한에 대한 질문은 항상 어려워요. 저는 우선 크리에이티브 디렉터가 일을 많이 해야 한다고 생각해요. 극명하게 분류를 하자면 코디네이터적인 CD가 있고, 직접 크리에이티브를하는 CD가 있는데, 전 후자이거든요. 스텝들이 낸 걸 잘 정리하고 취합하고, 그걸 잘 팔고 그런 방면에서 좋은 크리에이티브 디렉터들도 있는데 개인적으로 저는 그런 면에서 한계가 있다고 생각해요.

자기가 밀착해서 심연까지 들어가지 않으면, 뭔가 획을 긋는 생각이 나오기 힘들다고 봐요. 우리 일이라는 게 굉장히 숙련된 사람을 필요로 하잖아요. 좋은 카피라이터 하나를 키우려고 해도 거의 십 년 이상 걸려요. 숙련된 스텝 중에 크리에이티브 디렉터가 가장 숙련되어 있고요. 물론 전 좀 어린 편이긴 합니다.

CD는 뒤에서, 조망하고, 정리하기 보다는, 현장의 중심에서 역할을 해내야 한다고 생각합니다. 저는 일을 많이 하는 편입니다. 물론 제가 일을 잘 못하기 때문에 팀의 막내나 저나 일하는 시간이 비슷해요.

제가 작업 관여도가 높은 편이라 할 일이 많다고 할 수 있겠네요. 아무리 잘 찍어도 나쁜 광고를 좋게 만들 수는 없지만, 좋은 광고를 쉽게 망치는 경우는 많이 봤어요. 정말 전달해야 될 핵심이 제대로 소화되고 있는지 크리에이티브 디렉터가 밀착해서 감독과 커뮤니케이션 해야 하고, 편집이나 녹음까지도 하나하나 밀착해서 일을 진행해야 한다고 생각합니다.

어찌됐든, 크리에이티브 디렉터는 소비자에게 어필appeal하는 방법을 가장 잘 알고 있어야 하고, 소비자에게 어떤 결정이 더 어필하는지를 판단하고, 책임져야 하는 사람입니다. 그러기 위해서는 스스로에게 관대해져서는 안돼요. 객관적이고 냉정해야겠죠. 내부에서뿐만 아니라 광고주에게도 같은 역할을 해야 합니다.

크리에이티브는 일종의 화학반응입니다. 사람들에게 전에는 없던 새로운 물질이 생성되는 거죠. 그게 사랑일수도 있고 질투일수도 있고, 소유욕일수도 있고… 이성과 설득의 시대는 지났어요. 마케팅의 큰 패러다임 자체가 감성, 감정 쪽으로 이동하는 것과도 일맥상통하는 것 같은데, 광고 크리에이티브가 목표하는 그 어떤 물질을 뇌에서, 가슴에서 생성해낼 수 있다면 최상이겠죠. 그리고 반드시 그래야 한다고 믿고요. 그러나 정보만으로 화학반응이 일어나긴 힘듭니다. 그런 면에서 크리에이티브의 비중이 점점 더 커진다고 생각합니다. 거기다 '광고가 저래도 되는구나!' 하는 생각을 불러일으키는, 기존에는 없던 새로운 시도들이 더해진다면 완벽할 것 같아요.


## 하나를 찾기 위해 백 개를 버리는 일

아무래도 순수예술 쪽이 좋아요. 그림이나 음악, 그리고 순수예술이라고 얘기하긴 조금 힘들지만, 사진을 좋아해요. 그런 모든 것들 있잖아요. 영화를 포함한 종합예술 쪽도 물론 도움이 되고요. 하지만 순수예술에 더 많은 혼과 노력, 실험정신이 깃들어 있다는 생각이 들어요. 심지어는 우리 선조들의 시조나 한시를 보면 자극도 많이 되고, 그때도 이렇게 신선한 발상과 과감함이 있었나 하는 생각에 부끄럽기도 합니다.

함께 일하는 작업이라 물론 힘들 때도 있죠. 특히 남자들은 군대를 다녀와서 대부분 저보다 나이가 많아요. 연차가 1년 아래면 나이가 2살씩 많기도 해요. 그럴 경우에는 뭐든지 맞장을 떠서 이겨야 해요. 밤늦게까지 일하는 것, 좋은 아이디어를 내는 것, 무엇이든지요. 그래야 신뢰가 생기고 따르게 되는 것이지 따로 무슨 권위를 세우는 생기는 방법은 없었어요.

또 하나, 이건 소속팀원 뿐 아니라 광고주에게도 똑같이 어필해야 되는 건데요. '저 사람을 믿고 따르면 결과가 좋구나' 하는 믿음을 심어주어야 한다고 생각합니다. 그러기 위해선 어떠한 광고가 소비자의 반응을 폭발적으로 이끌어 낼 것인가, 또는 외면당할 것인가에 대한 굉장히 정확한 예측력이 있어야 합니다. 정말 냉정해질 수밖에 없어요.

이렇게 하자는 생각입니다

1. 거기 뜻.. 사람들이 찾는 장소 or 위치 제품 -둘 중 하나는 되도록
   Ex) 거기 서라! 류의 엉뚱한 거기 경계 (알았지? 경태야 ^ ^ )


2. 비주얼 코드이든 장치이든 브랜드 컨셉을 도와주는 쪽으로 몰자
   그렇게 나오면 거꾸로 심볼/ BI로 옮기자
   거기와 개연성이 별로 없는 코드나 장치는 경계
   Ex) SKT배의 데칼코마니나 한줄의 긴 자막 같은 권납처럼
3. 타겟은 2말 3초...
커뮤니케이션 타겟은 이것보다는 조금 더 어려질 수는 있겠죠
대충 우리팀 연령이 아닐까 하네요. 이들에게 주목되고 어필하려면
라이프스타일과 심리 파악을 좀더 해봐야 하는게 아닐까 싶습니다


4. 오늘 리뷰에서 들으셨듯이...
광고주는 라이프 연인이라는 점에 집착하는듯 하니, 너무 작게 보이지 않도록 신경씁시다

*** 자. 얼마 남지 않았으니 마지막 힘을 내자구요
어차피 우리 일이란게 하나를 찾기위해 백개를 버리는 일이니까요.



● 야후 지역검색 경쟁 PT에서 '거기' 라는 브랜드
네임을 제안해서 이겼어요. 브랜드를 만드는 작업
이 개인적으로 보람도 있었고 인상적이었습니다.

이것으로 하면 반드시 성공한다고 팀원들이나 광고주에게도 장담할 수 있어야 하고요. 그 확신이 맞아 떨어지게 되면 모든 사람들이 따라 주고 믿어주는 것 같아요.


## 창조성의 힘, 경험

직접 겪어보는 것만큼 크리에이티브에 도움이 되는 게 없어요. 가급적 많은 경험을 하는 것이 창의적인 사고에 확실히 도움이 됩니다. 제가 너무 모범답안 같은 얘기를 한 것 같은데. 직접 경험이든 간접 경험이든 창조성에는 경험만한 재산이 없습니다. 여행도 많이 다니고, 연애도 정말 많이 하라고 얘기 해주고 싶어요. 뭐든지 정말 치열하게 하는 게 좋아요. 특히 정말 많이 놀았으면 좋겠어요. 겁내지 말고, 이래도 되나 싶은 것도 경험해 보는 것이 후에 다 재산이 됩니다. 전 지금도 여행하면서 많은 경험을 하고 싶지만, 여행은 돈과 시간이 허락돼야 가능한 것이라 마음뿐이지만요. 전 스포츠도 숨쉬기 운동밖에 몰라요.

하지만 시간이 나면 지금까지 해보지 못했던 것들을 꼭 해볼 겁니다. 그렇게 연륜이 더 쌓이면 언젠가는 술 광고를 꼭 하고 싶어요. 너무 해보고 싶었지만 그동안 기회가 없었어요. 술 광고는 사람 얘기를 풀어낼 수 있잖아요? 제가 술을 참 좋아하거든요.

# 99도에서 마지막 1도에 전력한다

물은 99도에서 100도가 될 때 수증기가 되잖아요. 99도에서 100도가 되는 1도도 중요하지만, 그 전에 99번의 1도도 반드시 있어야 합니다. 당장은 진도가 안 나가는 것 같지만, 그 순간에도 100도가 되기 위한 1도들이 진행되고 있다는 걸 알아야 해요.

Choi In A

베스띠벨리 ● 삼성카드 ● 맥심 ● 엔프라니 ● 식물나라 ● 삼양라면

## 그녀는 프로다, 프로는 아름답다

신문사 면접을 보러 갔다가 우연히 카피라이터에 관한 잡지기사를 보고 광고를 시작하게 된 최인아 전무. 광고 일을 시작하고 1년 동안 부모님께는 신문사에 다닌다고 거짓말을 했을 정도로 그녀에게 광고는 최선의 선택이 아니었다. 하지만 관심 갖지 않던 분야에서조차 인정받지 못하면 안 되겠다는 오기가 발동했고, 그렇게 걸어온 외길 20여년은 그녀를 업계 최고의 프로페셔널로 만들었다.

최인아 전무의 출세작이라 할 수 있는 베스띠벨리의 "그녀는 프로다. 프로는 아름답다"는 카피는 사실 뭇 여성들에게 한 말이 아니라, 스스로를 위한 말이었다. 왜 여자는 재능에 관계없이 남자 동기보다 월급도 적게 받고 진급도 뒤쳐져야 할까? 그런 환경에서 여자가 살아남으려면 프로가 되어야만 한다고 생각했다. 결국 이 카피는 많은 여성들의 공감대를 불러일으켰고 폭발적인 반응을 얻을 수 있었다.

제일기획이 최고의 실력과 명성을 지닌 광고인에게 주는 '마스터Master' 라는 직책에 최초로 선정된 최인아 전무를 만나기 전 여러 가지 상상을 할 수 있었다. 광고산업의 최전방에서 활발한 작업을 펼치며 30대에 이미 제일기획 상무로 자리 잡았던 최 전무는 얼마나 강력한 포스를 뿜어낼까? 결론부터 말하자면 그녀는 참 말이 느렸다. 그러나 정확한 언어로 완벽한 논리를 펼치는 대화를 이어갈수록 그녀를 설득 커뮤니케이션의 대가로 인정하지 않을 수 없었다. 광고계에 입문해서 현재에 이르기까지 특유의 철학과 논리적인 접근으로 수많은 히트작을 쏟아낸 최인아 전무의 작품세계를 들여다보자.

최인아 전무가 가장 자랑스러워하는 작품은 91년 채시라가 모델이었던 그녀의 출세작, 베스띠벨리 광고이다.

이 광고는 많은 사람의 사랑을 받았고 최 전무는 카피를 그대로 제목으로 한 《그녀는 프로다. 프로는 아름답다》라는 수필집을 출간하기도 했다. 당시 대부분의 광고에 나타난 여성상은 아름다움, 사랑스러움, 그리고 사랑받고 싶어 하는 수동적인 이미지가 주류였으나 최 전무는 이러한 사회분위기를 답습하지 않고 여성들에게 긍정적인 태도로 프로페셔널에 도전하는 전사적 이미지를 학습시킨 것이다.

엔프라니의 "20대여, 영원하라" 역시 가장 성공적인 화장품 광고카피 사례로 꼽힌다. 필자는 이 광고를 처음 접했을 때 누가 저렇게 날카롭게 여성심리를 파헤쳤는지 무척 궁금했었다. 그러다 최인아 전무의 작품임을 확인하고는 그 내공에 절래절래 고개를 저었다. 이밖에도 그녀의 주요작품들을 보다보면 삼성카드의 "사랑하는 이에게 당신의 능력을 보여 주세요"에 주목하지 않을 수 없다. 비슷비슷한 기능과 혜택을 강조하는 카드 광고들 중에서 소비자 심리 쪽으로 전장을 옮긴 삼성카드 광고는 경쟁사의 광고들을 감성자극의 소프트 어프로치soft approach로 이동시킨 자극제가 되었다.

또한 최인아 전무는 2년 전부터 제일기획에서 다시 시작된 삼양라면 캠페인을 성공적으로 이끌었다. 최근 타사로 다시 대행이 넘어갔지만 최 전무는 삼양라면의 부활에 큰 공헌을 했다. 국내 라면시장은 이미 매운 맛으로 승부를 건 신라면의 승리로 정리가 된 상태였다. 초창기 삼양라면 광고를 집행하던 제일기획에게 다시 삼양라면의 경쟁 프레젠테이션 기회가 주어졌을 때 그녀는 다시 실력을 발휘할 절호의 기회를 놓치지 않았다. 그리고 '컨셉튜얼리스트conceptualist' 라는 자신의 별명

답게 논리적인 접근으로 승리하였다. 총 6편으로 집행되었던 삼양라면의 시리즈 광고는 라면을 먹는 장면을 진행하면서 철저하게 비전문 배우들을 기용하는 리얼리티 광고*로 집행되었다. 여자 경찰관, 여자 복서, 수험생, 직장 동료와 상급자가 함께 먹는 라면, 산 정상에서의 맛보는 라면 등의 설정에서 모델들은 별다른 멘트 없이 허겁지겁 맛있게 라면을 먹으며 "무슨 라면이야?"하고 묻는다. 그러면 그 질문에 "삼양라면"이라는 징글jingle*로 화답하는 형식으로 진행된 이 시리즈는, 예전 삼양라면을 고집하던 올드팬들은 물론이고 브랜드의 올드한 이미지 때문에 손도 대지 않던 젊은 타깃들에게도 성공적으로 소구하여 시장에서의 눈부신 도약을 이루어 냈다.

★ 일반인이나 직장인들을 모델로 기용해서 실생활을 그대로 보여주는 광고형식

★ TV나 라디오 광고를 위해 만들어진 노래로 핵심내용을 리듬에 담아 전함으로써 다른 메시지와 차별화할 수 있다.

최인아 전무가 장기적으로 다루고 있는 대표 브랜드 중 동서식품의 맥심도 빼놓을 수 없다. 특히 최 전무의 감성 지수를 흠뻑 느끼게 해 주는 것은 "알아요? 여왕은 부드러운 커피만 마시는 거?"라는 카피일 것이다. 항상 노래 부르던 깊은 맛, 은은한 향이 아니다. 여왕은 부드러운 커피만 마시는데, 당신은 여왕이고, 여왕이 마시는 커피는 맥심이라는 접근방법은 카피가 이렇게 사람들을 기분 좋게 움직일 수도 있다는 것을 보여줬던 사례이다.


사랑은 기다림이다
당신의 향기를 사랑합니다


아주 오랫동안 진행되었던 맥심의 안성기 왕국에 장동건과 수애를 모델로 기용한 시도는 중간에 여러 시행착오를 거치긴 했다. 90년대 초 김은국 작가를 모델로 한 "가슴이 따듯한 사람을 만나고 싶다"의 아성을 넘기기도 쉽지 않았

다. 맥심 광고는 얼핏 쉽게 작업할 수 있는 광고로 보일 수도 있지만 할 만한 방법은 모두 동원되어 새로운 접근이 어려운 품목 중 하나였다. 결국 최인아 전무의 감성으로 "당신의 향기를 사랑합니다"가 비로소 자리 잡아가고 있는 것 같다. 이외에도 "고객이 OK할 때까지 OK, SK", 홍삼원의 "빨간색이 좋아져요", 클럽메드의 "모든 것을 할 수 있는 자유, 아무것도 안할 자유" 등 그녀의 대표작은 셀 수 없을 정도이다.

최인아 전무는 본인도 인정하듯이 철저한 기획위주의 크리에이티브 디렉터로서 널리 알려져 있다. 최 전무의 크리에이티브는 요란하지 않아서 눈에 번쩍 띄지는 않지만 항상 제품과 소비자 사이에 확실한 인식의 사다리를 놓아주는 특징을 가지고 있다. 그녀는 크리에이티브를 정의함에 있어서 제작 파트의 크리에이티브만을 이야기하지 말고 범위를 더 넓혀 매체 운용이나 컨셉 도출 등에서도 크리에이티브를 진지하게 논의해야 한다고 말한다. 이 의견에 적극 동감한다. 그림이나 이야기 논리에서 크리에이티브가 가장 눈에 띄는 것이 사실이지만 광고 본연의 기능을 생각한다면 결국은 소비자가 그 광고를 보고 생각의 변화를 일으키거나 구매의욕을 갖도록 만드는 것이 가장 중요하다. 크리에이티브는 그 과정을 돕는 하나의 수단이다. 비록 수많은 광고들이 이 본질을 놓치고 크리에이티브만을 자랑하는 오류를 범하고는 있지만….

언젠가 우연히 만나서 이야기를 나누었던 제일기획의 한 카피라이터는 그녀를 두고 '광고와 결혼한 사람'이라고 했다. 가장 늦게까지 꺼지지 않는 최인아 전무 사무실의 불빛 때문에 팀원들은 때로 전전긍긍한다. 그러나 함께 일을 하고 나면 광고에 대한 이해나 제작의 깊이가 생기므로 '반드시 거쳐야 할 높은 산'이라는, 마치 소림사 무술고수에게나 통할 그런 이야기들을 한다. 아마도 그녀의 히스토리는 앞으로도 변화무쌍하게 진행되겠지만 지금의 광고

철학이나 자세는 결코 변할 것 같지 않다. 본질을 꿰뚫지 않으면 광고는 재미있어도 광고주들을 기쁘게 하지는 못할 것이라는, 그래서 물건이 팔리는 맥을 찾아 철저하게 파고들어야 한다는 그 철학.

최인아 전무는 미래의 광고계가 원하는 크리에이티브 디렉터는 AE*가 계획해준 것을 받아서 제작만 책임지는 것이 아니라 앞부분에 대한 대안까지 제시할 수 있어야 한다고 지적한다. 그러한 관점에서 현재 광고계를 바라보면 많은 젊은 세대들은 잘하고 있긴 하지만 제작 이후의 뒷부분만 담당하고 있는 불완전한 형태의 작업들을 하고 있다고 덧붙였다. 그리고 광고계 후배들에게 이렇게 제안한다. '생각의 시작지점을 앞당기라' 고….

★Account Executive 광고주나 내부 스텝 사이에서 광고의 기본 전략 방향과 제작 방향을 책임협의하는 코디네이터 역할을 한다.

# 치열한 1도 싸움, conceptualizing의 기술

어떻게 했을 때 뭐가 잘 나오더라, 이런 건 아직도 잘 모르겠어요. 저는 퇴고가 많은 스타일입니다. 그런가 하면 어떤 때에는 거칠 것 없이 무언가 진행되기도 하고요. 대부분의 경우 많은 경험을 다지는 편이예요. 하고 또 해보고. 만약 10시간 생각하면 9시간은 제자리걸음, 진도가 안 나가는 듯도 하지만 이럴 때 즐겨 쓰는 비유가 있어요. 물이 97도에서 98도로, 1도씩 올라가는데 그 1도가 99도에서 100도가 될 때는 수증기가 되잖아요. 99도에서 100도가 되는 1도도 중요하지만, 그 전에 99번의 1도들도 반드시 있어야 한다는 것이죠. 지금 당장은 진도가 안 넘어 가는 것 같지만, 그 순간에도 100도가 되기 위한 1도들이 진행되고 있다는 걸 명심해야 합니다.

광고회사에 들어오면 으레 '광고쟁이가 되려면 ~해야한다' 라는 말들을 듣잖아요. 초년병 시절 선배들의 이야기를 가만히 들어보니 결국 제가 가진 것이 별로 없더라고요. 주된 이야기는 광고쟁이는 순발력과 재치를 겸비해야하고 감각적이여야 한다는 것이었어요. 처음에는 길을 잘못 들어섰구나, 내가 잘할 수 있는 일이 아니구나, 하는 생각으로 10년을 보냈어요. 잘할 수 있을까 없을까, 할까 말까 하는 생각으로 말이에요. 그러고 나니 발을 반만 담그고도 못한다는 소리는 안 들었는데 온전하게 하면 이거 못할까, 그런 자신감이 생기더라고요. 그리고 나만의 방법으로도 잘할 수 있다는 것을 보여주기 위해서 계속 일하게 됐죠. 그렇게 벌써 20년이 지났군요.

광고가 공정이 길잖아요. 계획하고 표현하고 발표하고 촬영하고… 이런 기나 긴 공정 중에 제가 어느 부분을 좋아하고 재미있어 하는지를 생각해 봤더니 분명 앞쪽이더라고요. 같이 일하는 사람들이 저를 '컨셉튜얼리스트'라고들 불러요. 이쪽으로 가야 하나, 저쪽으로 가야 하나를 고민할 때가 가장 재미있어요. 광고의 요체를 생각과 표현이라고 한다면, 제 재능은 생각하는 쪽에 있는 것 같아요. 요즘은 '블루오션'이라는 이야기를 많이 하지요. 제가 지난번에 삼양라면 광고를 만들었는데요. 삼양라면이 신라면 하고만 경쟁한다고 생각하지 말고 그 카테고리를 넘어서 생각해 보면, 신라면만 바라보고 있었을 때는 생각지도 못했던 것이 떠오르지요. 저는 그런 식으로 블루오션을 이해했어요.

요즘에는 모두 오감五感 중 시각에만 의존하는 것 같아요. 같이 살 사람을 골라도 무조건 예뻐야 하고 몸짱, 얼짱이 대세이고. 제 경우 시각은 그리 예민하지 않은 것 같고요, 대신 청각이 발달한 편입니다. 말, 언어에 재능이 있다고들 해요. 저도 가끔씩 헛갈리기도 하지만, 사람들이 대화할 때 주어와 동사 같은 게 틀리면 막 신경에 거슬릴 정도예요. 사람들이 저보고 말이 느리대요. 아마 제가 생각을 하면서 이야기를 해서 그런 것 같아요. 어떤 부분에 특별히 조예가 깊다고까지는 말 못하겠지만 음악을 좋아하는 편이에요.

'+hp' 캠페인이 참 좋아요. 그걸 보면서 내가 저런 가치를 만들어 내고 싶었구나, 라는 생각을 했어요. 캠페인을 '$y=ax+b$'라는 틀을 만들어 놓고 거기에서 항상 변수만 바꾸어 진행하려고 하니까 2차, 3차에 가면 사람들이 벌써 다 짐작을 하게 되는 거예요. 그러면 재미없고 진부해지죠. 처음에 효과가 강력했다가 갈수록 옅어진다는 말이지요. 광고주는 돈 내고 광고 하는 건데 약발이 강력하지 않으니 조급해하기 마련이고요. 대행사 쪽은 '아니다, 이건 장기적인 캠페인이다' 라고 안심을 시키려고 하지만 장기적 캠페인이 일정 공식에 변수만 바꾸는 건 아니거든요.

HP는 '+' 라는 세상에 널리고 널린 가치를 HP만의 것으로 만들어 냈어요. 사람들은 세상에 흔하디 흔한 것이 '+'인데 어떻게 그렇게 만들 수 있냐고 반문했지만, 결국 해냈단 말이에요. 하나의 콘텐츠를 가지고 무궁무진하게 만들어 간다는 것, 다양하게 막히지 않고 끌어갈 수 있다는 것이 부럽죠. 클래식도 2, 3악장에서 변주를 하잖아요. 그런 면에서 보면 우리가 변주능력이 좀 떨어져요. 그래서 저는 요즘 HP 광고가 너무 좋아요. 앞으로 어떻게 나올지도 궁금해지고, 나올 때 마다 감탄하죠.

## 기존의 관념들에 시비걸기

제 크리에이티브는 밋밋하다거나 임팩트가 없다는 지적을 종종 받아요. 눈에 번쩍 띄는 비주얼보다는 다소 보편적인 성격의 이야기를 택하다 보니… 그러면 이렇게 말해요. "광고는 사람을 다루는 일이고, 나는 자극적인 것만이 사람을 움직인다고 생각하지 않는다."

우리가 움직이는 대상이 10대만 있는 것도 아니고, 심지어 이동통신사 광고가 10, 20대를 대상으로 한다고 하더라도 꼭 그들만 알아

듣게 만들어야 타깃과 맞아떨어진다고 생각하지 않습니다. 제가 짠 콘티들은 밋밋하게 보일 수 있지만, 배우가 연기를 어떻게 하고 손짓을 어떻게 하느냐에 따라 느낌이 달라지죠. 그래서 화려함만을 지향하는 감독과 만나면 서로 커뮤니케이션이 되지 않기 때문에 서로가 힘들어져요. 아마 저와 작업하는 감독들이 제한적인 것도 그런 이유에서일거에요. 박성민, 서정환, 김규환 감독과 일할 때는 서로가 원하는 걸 미리 다 알고 일사천리로 작업을 진행합니다.

아트워크는 강영호 씨. 영화포스터를 하시다가 광고 쪽으로 오셨는데, 저는 그분이 참 영리한 것 같아요. 대게 사람들이 '감각'이라는 것을 '스마트'랑 분리해서 생각하지만, 예술계에서 일가견을 가진 사람들을 보면 대게 지적이고 똑똑하거든요. 그냥 감각만 있는 것이 아니고, 그저 예쁘게만 보이게 하는 것이 아니라 그 아름다움이 어디와 맥이 닿아있는지 그 의미를 아시는 분입니다. 정말 일을 잘하시는 것 같아요.

지금 맥심 브랜드를 만 7년째 맡고 있는데요. 특정 콘티를 사줘서라기보다는 광고주 미팅 때 '그래, 광고가 어떻게 100점을 맞아' 라고 하신 말씀이 기억에 남아요. 사실 광고주가 하기 어려운 말이거든요. 이번에 98점을 맞았으면 다음엔 99점 맞으라고 하는 게 광고주인데, 이런 걸 이해해주시는 분이시라면 계속 함께 일하고 싶다는 생각이 들었습니다.

제작현장은 좀 챙기는 수준이 아니예요, 그걸로 밥 먹고 사는걸요. 편집도 항상 다 같이 하죠. 일이 하나만 진행 되는 것이 아니고 스케줄

조절도 필요하기 때문에 기본적으로 항상 같이 있으려고 노력하죠.

## 이지고잉이 아닌 하드트레이닝

광고주와 불협화음을 만들어 낼 때는 그만두고 싶을 때도 있지만 시안이 거절당해도 결국은 내가 하는 대로 다 하더라, 하는 건방진 생각이 들기도 해요. 저는 직장생활을 광고주가 아닌 대행사에서 시작했다는 것, 그래서 이지고잉easy going하지 않고 하드트레이닝hard training 할 수 있었다는 것에 대단히 감사해요. 항상 긴장해야 한다는 게 본인에게는 나쁜 일일 수 있지만, 초년병 시절에 '삶이란 고단한 것' 이라는 사실을 익히길 잘했다고 생각해요. 대학졸업 한 달 전부터 회사에 나왔으니 광고는 제 인생의 전부입니다. 어머니, 아버지가 밥 먹여주시던 시절 빼고는 인생의 90%를 제일기획과 광고에 쏟았다고 해도 과언이 아니죠.

사실은 광고라는 것이 남의 돈으로 하는 거잖아요. 그래서 자기 생각과 다른 것도 그냥 진행해야 할 때가 많아요. 베스띠벨리를 만들 때가 1991년 이었는데, 그때까지는 광고에서 묘사되던 여자의 이미지는 '난, 사랑 받겠어요' 라는, 즉 남자 없이 설명할 수 없는 수동적인 느낌이 많았어요. 지금도 그런 접근이 없는 건 아니지만, 요즘은 섹시한 걸 드러낸다는 점에서 광고의 출발점이 다르지요. 그런데 전 그런 이미지가 항상 불편했어요. 제가 하는 일이 광고주가 낸 돈만큼의 값어치는 해야겠지만 다른 가치를 만드는 일에 도움이 되었으면 좋겠다,

그리고 기회가 왔어요. 그런데 당시 크리에이티브 디렉터께서 제 의견에 반대하셨습니다. 너무 시기상조라, 공감이 가겠느냐고요. 저는 죽어라고 고집을 부렸습니다. 다행히 제 아이디어대로 집행이 되었고 결국 폭발적인 반응을 일으켰죠. 제 생각에는 그 광고가 여자들의 잠재의식을 건드린 것 같아요. 여자에게 '프로' '프로페셔널' 이라는 말 자체가 사용되지 않던 시대에 여자들에게 프로가 되어야겠다는 생각을 심어주었죠. 광고가 얼굴, 즉 제품이나 파는 것을 넘어서서 긍정적이고 사회적인 '가치' 를 만들어내고 발산했다는 점에서 자부심을 느낍니다. 그리고 그 당시 이 카피를 제목으로 해서 책도 출간했어요.

84년에 대학교를 졸업하고 사회에 발을 내딛으면서 직장이란 게 참 더럽다고 생각했죠. 미스 최가 아니라 최 대리님, 최 차장님, 이렇게 불리도록 해야겠다고 결심했어요. 여자가 직장에서는 소수민족이더라는 거죠. 미국으로 치자면 히스패닉이나 흑인 같은. 그렇다면 흑인이 미국에서 잘 살아남는 길이 뭐냐, 프로가 되는 것이라고 결론을 내렸습니다.

그 사람이 얼굴이 예쁘든 흑인이든 백인이든 다른 사람이 아닌 그 사람을 고용한다는 것은, 그 사람을 쓰는 것이 다른 사람을 쓸 때 보다 결과가 훨씬 좋다는 거잖아요. 그런 생각을 하도록 만들어 주는 것이 '프로페셔널' 이죠. 내가 그 경지에 서면 여자든 남자든 상관이 없게 될 거라고, 내가 차별 받지 않는 위치에 서는 것이 프로가 되는 것이라고, 그렇게 저를 달랬어요. 그런데 그게 저만의 생각이었을까요? 아니지요, 다들 그랬던 거죠. 하고 싶었던 이야기를 했던 것이 폭발적인 공감대를 일으킨 것 같아요.

## 마케팅의 답은 사람, 제대로 꿰뚫어라

매번 일을 할 때 마다 새롭게 배우는 기분입니다. 재작년부터 삼양라면 캠페인을 하고 있어요. 그것도 경쟁PT 들어가서 제안했던 그 안 그대로 진행 중이거든요. 그런데 이게 참 재미있어요. 저는 대학교에 강의를 나가서도 마케팅을 책에서 배우지 않았다고 건방을 떠는데요. 그 말인즉슨 사람들에게 답이 있더라는 거죠.

제가 프레젠테이션할 때 광고주에게 한 이야기가 이거예요. 마케팅은 경쟁사를 상대로 하는 것이 아닙니다. 물론 결과는 경쟁에서 이겼느냐 졌느냐의 형태로 나타나지만 '소비자에게 얼마만큼 애정을 받느냐' 가 궁극적인 승패를 가른다는 겁니다. 즉 경쟁은 경쟁사가 아닌 소비자와 하는 것입니다. 그래서 광고주에게 삼양라면 브랜드는 사람들이 다 알지만 좋아하지는 않는다, 당신의 브랜드를 구입하는 것을 부끄럽다고 생각하더라, 소비자 손에 삼양라면이 쥐어지기 위해서는 이 관계가 개선되어야 한다, 라고 이야기했죠.

사실 저는 삼양라면 광고에서 삼양라면 이야기를 한 것이 아니에요. 다른 라면에게도 얼마든지 부합 될 수 있는 이야기거든요. 그래서 광고주가 이거 브랜드 바꿔도 마찬가지가 아니냐고 물어요. 그건 아니지만 딱히 뭐라고 이야기하기가 참 어려웠어요. 사실 이건 라면이 맛있는 순간을 포착하고 삼양라면을 찔러 넣은 거예요. 그리고 그게 신라면으로 돌아가지 않도록 징글로 잘라주고, 브랜드명의 반복고지가 진행되는 거지요.

광고는 '응용분야'예요. 마케팅에서 중요하게 생각하는 것이 케이스 스터디case study인데 사실 그건 교수님들이 이미 전에 일어났던 사례를 가져다가 사후에 공통분모를 찾아내는 작업이잖아요. 그래서 벌써 몇 년 전에 일어났던 이야기라 현실과 교과서간에는 시차가 크기 마련이죠. 후발브랜드가 선두브랜드가 해야 할 이야기를 했다는 것. 이걸 두고 사람들이 새로운 라면 광고형식이라고 하더라고요. 그런데 재미있는 것은 사실 식품광고에서 맛있게 먹는 게 뭐가 새롭겠어요? 이건 본질인데… 그래서 제가 느낀 것이 '본질은 제대로 꿰뚫었을 때 새롭더라' 는 것입니다

광고라는 것이 대단히 표피적이에요. 눈에 보이는 걸 말한다는 것이죠. 단계 단계가 넘어갈 때 마다 밀도가 옅어지니까 마지막 단계로 갈수록 결국 가짜가 되기 쉬워요. 그리고 그게 익숙해지면 다들 원래 그렇게 하는 줄 알죠. 다른 라면 광고 같으면 아주 성의 없는 세트와 식탁, 그리고 거짓말 같은 가족들, 말도 안 되게 젊은 엄마가 끓여 내놓은 라면에는 라면 봉지에 들어있지도 않은 온갖 고명이 얹어져 있죠. 매일 보는 게 그런 식이니까 사람들이 라면 광고란 다들 저렇게 해야 한다고 생각했던 거예요. 그런데 사실 그게 가짜거든요.

제가 이번 삼양라면 광고를 찍을 때 죽어라고 감독님께 고집하고 강조했던 것이 진짜가 생명이다, 라는 거예요. 광고에 나오는 인턴들도 실제로 여의도 성모병원의 인턴 다섯 명을 데려다가 찍었어요. 리얼리

티를 죽어라고 고집했죠. 하여간 이 캠페인을 진행하면서 이런저런 실험을 해보았는데요. 재미있어요. 인간이 불완전한 존재이기 때문에 불완전함의 정도를 하나씩 넘어갈 때마다 거기에 새로움이 있더라고요.

## 생각의 시점을 앞당기는 제너럴리스트

저는 아직도 크리에이티브라는 말 자체가 편하지가 않아요. 왜냐하면 우리 사회에서 그 말이 어떤 빛깔로 쓰이는지 잘 알고 있기 때문입니다. 또 그런 뉘앙스에서 보자면 제가 거기에 잘 부합되지 않는 것 같아서 주저하게 되거든요. 오히려 우리가 하는 일은 피카소 같은 예술가들의 크리에이티브와는 다르다고 생각해요. 그들은 해법이 필요한 사람들이 아니지요. 해결할 문제점이 없다는 겁니다. 그래서 순수하게 자기가 표현하고 싶은 것을 '남과 다르게' 표현하면 되는데, 우리는 다릅니다. 내 돈이 아니고 내 에너지가 아니고, 기본적으로 문제를 해결하는데 필요한 방법이 아이디어이고 크리에이티브라고 생각해요.

대부분 크리에이티브라 하면 제작 쪽에 국한해서 사용하는데 저는 이 단어의 영역을 넓히고 싶어요. 좀 더 오픈 시키고 싶습니다. 이를테면 매체에서 아이디어가 나올 수도 있는 것이고, 컨셉에서 문제를 해결할 수도 있고, 또 표현에서 해결할 수 도 있고요. 그래서 우리는 광고주가 가진 마케팅 과제를 해결합니다. '어떻게' 라는 것이 무엇을 말할 것인가 what to say 가 정해진 후 어떻게 말할 것인가 how to say 를 정하는 것이 아니고, 주어진 목표를 어떻게 달성할까 고민하는 것입니다. 그리고 바로 그 목적에 도달하는 수단에 해당하는 것이 크리에이티브이고 아이디어입니다.

서양 대행사의 경우는 CD의 연봉이 100일 경우에 AE가 80이고, 관리는 60이라고 하더군요. 광고를 가장 잘하는 사람이 크리에이티브 디렉터라고 생각해요. 영어를 한국어로 번역한다고 했을 때 영어와 한국어, 양쪽을 다 아는 사람이 CD라는 거지요. 다시 말해 광고의 제작 전반만 책임지는 사람이 아니고, 앞의 과정까지도 다 포괄할 줄 아는 사람을 의미합니다.

지금까지 우리식의 프로페셔널이란 '자기 쪼개어 넣기' 였어요. 모든 면에서 완벽할 수 없다면 하나만 잘하라는 거예요. 지금까지는 그렇게 분해만 해왔어요. 마치 시계를 다 분해해 놓고서 조립은 할 줄 모르는 사람들 같아요. 우리에겐 통합능력이 절대적으로 부족해요. 자르는 능력은 수준 이상인데 말이에요. 그런 면에서 크리에이티브 디렉터는 통합능력을 지녀야 한다고 생각합니다.

전문분야를 갖는다는 것이 '너는 여기서 출발해, 나는 여기서 출발할게' 하고 분리된 것이 아니고요. 이걸 하나의 둥근원이라고 생각하는 거예요. 제가 카피를 여기서 출발했으니 AE는 다른 방향에서 출발하는 거죠. 그래서 결국 카피로 출발했을 때도 매체를 이해할 수 있어야 하고 표현과 계획, 양쪽을 잘 할 수 있는 사람이 크리에이티브 디렉터가 되어야 합니다.

예를 들어 공해문제 해결을 위해서 정화시설 전문가, 대기 오염 전문가, 미생물전문가 이외에 모든 관련분야에 대해 다 아는 사람이 있어야 궁극적으로 문제 해결이 가능한 것처럼 프로페셔널은 필요충분조건이 아니고, 모든 문제를 아우르고 정리해 낼 수 있는 제너럴리스트Generalist의 시각을 지녀야 해법을 얻을 수 있습니다. 이것이 크리에이티브 디렉터가 지녀야 할 소양이자, 창의성을 도출하는 핵심입니다.

로
어

드
으
들

랜
성
고

브
속
파
라

활동적인 운동이나 여러 가지 취미 생활을 하면서 아이디어를 낼 수도 있다고 생각합니다.

너무 멀리 아프게, 힘들게 쥐어짜기보다는 조금 쉽게 나와야 한다고 생각해요.

크리에이티브가 밤새고 책 본다고 나오는 것은 아닙니다.

Kvveon Joong Ho

● 에이스침대 ● 유한킴벌리 ● 삼성 마이젯 ● 하우젠 ● 한국수력원자력 ● ING생명 ● 지펠

## 마라톤맨이 일구어 낸 우리 강산 푸르게 푸르게

크리에이티브의 힘은 때로 상상도 못할 엄청난 효과를 끌어내기도 한다. 존재하지도 않던 분야에서 새로운 시장을 만들어 내기도 하고 힘없이 마지막 숨만 가쁘게 몰아쉬는 노후 산업을 정리하여 무대 뒤로 사라지게도 한다. 현재 당당히 침대업계의 선두를 지키고 있는 에이스침대가 가구매장에서 독립하여 당당하게 침대시장을 열어나갈 수 있었던 데에는 "침대는 가구가 아닙니다. 침대는 과학입니다" 광고의 공이 컸다. 이밖에도 1984년 유한킴벌리를 국내 최고의 친환경기업으로 이끌었던 그린마케팅 "우리 강산 푸르게 푸르게" 등 권중호 상무가 이끈 광고 크리에이티브는 거대한 산업의 변화를 일구어 냈다. 또한 "살균세탁 하셨나요?"로 5초 광고라는 독특하고 새로운 방식의 광고를 만들어낸 권중호 상무는 은나노라는 제품의 UPS*가 소비자들의 제품 선택에 별다른 영향을 미치지 못하는 상황에서 제품의 장점을 가리는 불필요한 부분들을 제거하는 방향으로 하우젠 CF를 제작했고, 그 결과 광고 방법자체로도 하나의 이슈가 될 만큼 큰 주목을 끌었다. 당시 하우젠 은나노가 집중 방송되던 시기에 앞뒤로 포위당한 다른 광고들이 집중도를 잃고 마치 하우젠을 기다리는 순서 안에 놓인 것 같다던 원성들도 있었다. 그리고 5초 광고의 연속 방송으로 광고에 질력이 났다는 네티즌들의 뭇매를 맞기도 했다. 전형적인 세뇌광고라고 심하게 질타 당했지만 단기간의 브랜드 차별화와 인지도 측면에서는 사실상 성공이었다고 봐야 할 것이다. 이미 유럽은 다양한 시간단위의 광고들이 있다. 우리 광고시장도 더 다양해지길 바라는 필자에게 하우젠 은나노의 매체 전략은 무척 신선한 시도였다.

*unique selling proposition 광고는 독특한 판매를 할 수 있는 제안을 해야 한다는 전략

　　권중호 상무의 첫인상은 조금 왜소해 보였다. 마라톤으로 25kg이상을 감량했다고 하니 그제야 그의 원래 모습을 추측해 볼 수 있었다. 20km 단축 마라톤을 매주 단행한다는 그 단호함, 철저함. 일단 분위기에 압도당할 수밖에

없었다. 약간 마른 얼굴에서 빛을 쏘아내는 듯한 눈초리가 역시 만만치 않은 크리에이티브 디렉터임을 짐작하게 했다. 권 상무의 크리에이티브는 다양하게 변화해 왔다. 오리콤에서 시작된 그의 광고 경력은 최근 휘닉스커뮤니케이션즈로 이동 후 진행하고 있는 삼성전자와 해태제과 광고에서 만개하고 있는 것 같다. 이직률이 가장 높다는 광고업계에서 20여 년 동안 단 한 번 회사를 옮긴 흔치 않은 경력을 갖고 있다.

그가 가장 애착을 가지는 광고는 유한킴벌리의 "우리 강산 푸르게 푸르게" 캠페인이라고 한다. 물론 시작부터 그 캠페인 전체를 지휘하는 크리에이티브 디렉터로서 참여한 것은 아니었지만 13년간 캠페인에 참여하며 큰 보람을 느꼈다고 한다. 이 캠페인은 대학 광고강의에서 절대 빠질 수 없는 성공적인 장기캠페인으로 한국 광고사에서 중요한 위치를 차지하고 있다. 일단 이 캠페인은 국민들의 관심을 끄는데 크게 성공한 것으로 평가된다. 숲이 주는 혜택을 현세대를 넘어 다음 세대까지 함께 누리자는 것으로, 캠페인의 일환으로 '생명의 숲 가꾸기 국민운동' '학교 숲 조성운동' '내셔널 트러스트자연신탁운동' 등이 이어서 진행됐다. 그리고 그 결과로 유한킴벌리는 1996년부터 매년 환경친화기업으로 지정되었다. 그가 시작부터 함께한 이 캠페인을 자랑스러워하는 것은 지극히 당연한 일이다.

그의 작품 중 광고계에 새로운 코믹 트렌드를 일구어낸 "오비 라거 랄랄라" 시리즈도 빼 놓을 수 없다. 이 광고로 오비맥주는 크라운맥주와의 광고전쟁에서 전세를 뒤짚을 수 있었다. 당시 최고인기 배우였던 박중훈이 랄랄라 춤을 선보였던 이 시리즈를 많은 사람들은 잊지 못할 것이다. 이 광고는 자막의 사방 배치기법 등 새로운 시도로도 주목받았으며, 라거맥주에 대한 소비자들의 인지도도 단숨에 선두권으로 끌어올렸다. 개인적으로는 후반기에 영화 예고편 형식으로 진행된 아이디어와 재기 넘치는 복고풍 광고에 엄지손가락을 올려주고 싶다.

## 앞선 블루오션 전략: 침대는 가구가 아닙니다

오리콤 시절 권중호 상무의 작품 중에는 에이스 침대의 "침대는 가구가 아닙니다. 침대는 과학입니다" 편이 중요한 성과가 아니었나 싶다. 이 시리즈는 한 때 초등학교 학생들의 시험에서 많은 오답을 유도했다는 일화가 전설처럼 내려오고 있다. 침대는 가구가 아니라 과학이라는 광고학습효과가 아이들에게도 확실히 각인되었기 때문이다. 거대 가구회사의 시장 점유율 속에서 침대를 분리시키는 아이디어는 최근 회자되는 블루오션 전략*의 전형을 일찌감치 보여준 것이며 한국에는 존재하지도 않던 침대 시장을 새로 만들어 내고 에이스침대를 선두 브랜드로 올려놓은 성공 사례였다. 블루오션 전략의 성공이었다고 말할 수 있겠다.

지금까지 존재하지 않는 산업들을 개발하거나 아이디어로 만들 수 있는 새로운 산업을 육성하는 전략 ★

유한킴벌리나 에이스침대 캠페인과 같이 오랫동안 진행되었던 성공 캠페인 사례의 뿌리에 항상 그가 있었다는 것은 주목할 만한 일이다. 외피의 크리에이티브 보다는 제품을 관통하는 브랜드의 속성에 깊이 잠입하는 권중호 CD의 장기가 여지없이 발휘되었던 사례이다. 데이콤002 시리즈는 권 상무의 작품중 조금 색다른 시도였다. 첨단통신과는 거리가 멀 것 같은 아줌마 탤런트 전원주를 모델로 정말 촌스럽게 포장하여 만든 것으로 7,80년대 후미진 삼류 극장의 비 내리는 스크린을 연상케 하는 흑백화면과 옛날 TV만화 '어디선가 누군가에 무슨 일이 생기면~' 하는 쌍가의 노래를 주제음악으로 채택하여 통치마 패션, 어색한 달리기와 덤블링 등으로 당시 IMF로 지친 국민들에게 큰 인기를 끌었던 광고였다. 이 광고는 박명천 감독의 독특한 크리에이티브와의 조우로 당시 광고 선호도 1위를 당당히 차지했었다. 진중한 표정의 권 상무가 이런 아이디어를 채택하고 집행했다는 사실이 쉽사리 믿겨지지 않았지만 사실이다. 그는 최근 삼성전자와 해태, 그리고 ING생명을 맡고 있다. 윤석화를 모델로 제작 한 ING생명 광고는 광고주가 만족하고 있는 것 같아 기쁘다고 했다. 그 외에 농협 기업PR 및 한국 수력원자력공사의 광고도 담당하고 있다.

홍대 시각디자인과를 졸업한 그는 광고에 대한 관심보다는 산업디자인이나 공예에 더 관심을 가지고 있었다. 다만 대학을 졸업할 즈음 열린 88서울올림픽에 힘입어 당시 시각디자인 붐이 일어났고 그도 그런 환경에 탄력을 받은 나머지 시각디자인을 전공하게 되었다고 한다. 당시 시각디자인과를 졸업하고서 진출할 수 있는 분야는 그리 넓지 않았다. 기업 홍보팀에 들어가기도 하고 학계에 남거나 유학을 가는 동기들 틈에서 그는 광고회사를 선택하게 되었다. 꼭 광고를 하겠다는 의지로 입사한 건 아니었다. 당시 그가 알아 본 광고회사들 중 선배들이 오리콤을 추천한 것이 계기가 되었다. 당시 오리콤은 나이키, 코카콜라, 오비맥주 같은 한국의 유명 캠페인들을 담당하고 있었다. 그런 거대한 광고주들을 보고 '한 번 해보고 싶다' 는 생각이 들었다고 한다. 그리고 오리콤에 입사하게 된다. 아트 디렉터로 출발했고, 당시 신입사원들 대부분이 겪는 일이었지만 광고 이외에도 많은 일들을 담당해야만 했다. 그 당시에는 광고회사가 제품 패키지 제작 등에도 관여했기 때문이다. 아트 디렉터로 10여 년간 오리콤에 근무하다보니 그는 광고가 무척 재미있어졌다는데….

## 프로젝트는 팀 전원의 몫, 아이디어를 전개하라

나름대로 훈련이 된 것은 팀원 전원을 프로젝트에 참여시키는 것입니다. 저를 비롯한 팀원 모두 아이디어를 내는 것이죠. 프로세스에 따라 한 번에 끝나는 일이 있고 여러 번 나누어야 하는 일도 있는데, 좋은 아이디어 나오면 한 번에 끝낼 때도 있고, 여러 번 나눌 일이라면 2~3번 정도 나누어서 할 때도 있습니다. 이런 나름의 판단을 해서, 프로젝트에 따라 일을 하는 편입니다.

다른 시간이나 다른 프로젝트 때에 이 아이디어가 활용될 수도 있다는 생각으로 넉넉히 아이디어 작업을 합니다. 이번 프로젝트에서 해결이 안 된 부분이 다음 프로젝트에서 해결될 수 도 있는 것이니까요. 아이디어라는 것이 꼭 한 프로젝트에만 해당하는 것은 아니라는 것이지요. 다음 프로젝트나 어느 접점에서든 쓰일 수도 있지만 그걸 데이터베이스화하진 않고요. 즉 자료화 하는 것은 방지합니다. 머리에만 담아두는 그런 작업이죠.

혼자 생각을 정리할 때는 카피의 워드부터 정리하면서 컨셉에 가장 적절한 키워드 개념 하나를 잡고, 거기에 비주얼을 붙이는 방식으로 아이디어를 정리합니다. 아트 디렉터로 일을 시작했지만 아이디어 전개는 카피라이터 출신 크리에이티브 디렉터처럼 한다고 할까요?

2005년 여름에만 8편의 CF를 제작했고 2005년 중반까지 20편정도 했어요. 정신없죠. 그래도 가장 기억이 남는 것은 역시 유한킴벌리 "우리 강산 푸르게 푸르게"네요. 12~13년 쯤 했을까요? 특히 예전 페놀 사건 때가 가장 기억이 남는군요. 유한킴벌리가 외국계 기업이라고

대학생들이 입사를 기피하던 때가 있었어요. 하지만 페놀 사건 전후로 회사 이미지가 완전히 바뀌었습니다. 그 때 실행적 의미의 시의적인 메시지로 어필했거든요. 지금도 같은 컨셉으로 오리콤이 계속하고 있고요. 대학생들에게 좋은 이미지를 심어 줄 수 있는 실천적인 메시지로 어필했고 지금까지 성공적으로 이어오고 있습니다. 물론 OB 라거 "랄랄라", 데이콤002 전원주 편, "침대는 가구가 아닙니다"의 에이스 침대도 잊을 수 없지요.

## 크리에이티브로 시작하고 브랜드로 완성하라

휘닉스 시절 초록매실을 집행했던 일 년여의 시간이 상당히 많이 기억에 남아요. 예상치 못한 성과였거든요. 광고의 영향도 있었겠지만 그보다 영향을 미친 것은 드라마 〈허준〉이었어요. 허준에서 마침 매실에 대한 이야기가 나오면서, 이슈가 되고, 50~100억 정도이던 매출이 3개월 사이에 1,000억까지 올라가더라고요. 하나의 브랜드가 태어나서 성공하기까지의 과정을 보는 기쁨이 컸습니다.

최근에는 하우젠 때문에 정신없었죠. 제가 런칭에서부터 네이밍까지 관여했습니다. 워낙 시장상황이 하우젠에 열세였어요. "살균세탁 하셨나요? 하우젠" 이라는 슬로건을 집중적으로 전하는 5초 광고 시리즈는 브랜드 인지도를 많이 끌어 올렸고, 미디어 믹스<sub>media mix</sub>*에 있어
<sub>광고메시지를 가장 효과적으로 전달하기 위해 매체를 전략적으로 선택 · 조정하는 것 ★</sub>
고정관념을 깰 수 있었습니다. 하우젠의 경우는 '은나노' 라는 제품 특성이 있는데, 그 특성이 USP화 되어 나타난 것이 '살균세탁' 입니다.

그런데 소비자들은 제품을 선택할 때 그런 장점에 영향을 받지 않더군요. 그래서 제품의 장점을 가리는 노이즈를 제거하는 방향으로 CF를 제작하게 되었습니다. 해외 가전브랜드, 예를 들어 GE의 경우, 백색가전을 하나의 브랜드로 통합하여 커뮤니케이션을 합니다. 이제는 한국의 백색가전 시장도 브랜드로 승부해야 한다는 생각에서 하우젠이라는 통합 브랜드를 런칭하며 고급 백색가전 시장을 선도하게 한 것이죠. 지금 5년째 하우젠을 담당하고 있습니다.

## 색깔 있는 크리에이터

크리에이티브 디렉터들 나름의 개성이나 스타일이 있다고 봅니다. 즉, 자신만의 색깔이 있다고 할 수 있지요. 이론적으로 꼭 그래야만 한다는 것은 아닙니다. 제 크리에이티브는 시장 과제를 많이 생각하고, 마케팅 전략이 반드시 뒷받침 되어 있습니다. 크리에이터라고 해서 크리에이티브나 표현만 가지고는 힘들다는 거죠. 애착이 가는 광고도 브랜드가 성공하게 된 광고입니다. 광고하는 사람은 자신이 맡은 제품이 성공할 때 가장 보람을 느낍니다. 그래서 이런 제 색깔에 맞는 광고를 좋아하는 편입니다.

주말마다 마라톤을 하고 있어요. 90kg까지 나가던 몸무게를 마라톤으로 25kg 정도 감량했거든요. MTB를 즐기기도 하는데, 저는 주로 혼자 다닙니다. MTB를 타면 생각할 시간을 가질 수 있어서 좋아요. 그 과정에서 아이디어의 잡을 때와 놓을 때를 판단하는 동물적인 감각까지 익혔다고 하면 과장일까요? 영화나 클래식 음악도 좋아하고 가끔 수채화도 그리죠. 오리콤 시절에는 회사 선배들과 청계천 상가 앞에서 고가의 스피커 구입을 꽤 오래 고민했었던 적도 있어요. 집에 장비를 설치해서, 실감나게 영화를 보려는 의도였지만 그때로서는 야무진 꿈이었죠. 지금은 DVD타이틀을 꽤 많이 소장하고 있습니다. 영화야 우리 분야에서는 다들 많이 보죠.

## 노력이나 감각만으로는 부족하다

크리에이티브는 밤새고 책 본다고 나오는 것이 아닙니다. 너무 머리 아프게, 힘들게 쥐어짜기보다는 조금 쉽게 나와야 한다고 생각해요. 활동적인 운동이나 여러 가지 취미 생활을 하면서 아이디어를 낼 수도 있으니까요. 그래서 저는 동적인 것과 정적인 것, 양 축의 취미 생활을 모두 즐기고 있어요. 한 쪽으로만 치우치지 않으려고 노력해요. 아이디어의 반짝임이 편중된 취향에서도 영향을 받을 것이라고 생각합니다.

물론 다른 감독들도 광고를 잘 만들긴 하지만 김영철 감독은 하우젠으로 만난 지 일 년 정도 되었어요. 사실은 하우젠을 차은택 감독, 박찬도 감독과 먼저 했는데, 새로 김영철 감독을 캐스팅하면서 걱정을 많이 했습니다. 젊은 감독들과 많이 작업을 하다보면 제가 보지 못하는 새로운 방법이나 참신한 접근을 찾아낼 때가 있거든요. 그래서 나이 많은 감독이 예전에 우리가 하던 표현을 다시 이어받아 잘 해줄 수 있을까 하는 걱정이었죠. 하지만 그건 기우였습니다. 김영철 감독은 광고대행사 경험이 있어서인지 컨셉 해석이 매우 뛰어나더군요. 컨셉을 해석하고 찍는 감독이라 참 도움이 많이 되었습니다. 경험이 풍부한 노장들은 영상미도 뛰어날뿐더러 컨셉에 대한 해석이 뛰어나서 도움을 많이 받아요. 감각만 가지고는 광고가 해결될 수 없으니까요. 그래서 노련한 감독들과의 작업을 더 선호하게 됐지요.

크리에이티브 디렉터가 많이 늘어나는 것은⋯ 구조적인 문제가 크다고 생각해요. 물론 자격이 있다, 없다를 논하자는 것은 아니고, 크리에이티브 디렉터가 많아지는 것 자체가 문제를 유발할 수도 있다는 것입니다. 우리나라는 광고주들이, 특히 대부분 오너들이 리뷰를 많이 하잖아요. 그러면서 컨셉, 카피, 그림에까지 관여하기도 하는데요. 그럴 때에 크리에이티브 디렉터의 권위가 여지없이 침해받게 됩니다.

또한 우리나라의 크리에이티브 디렉터는 일본과는 다르게 모든 걸 혼자 관장해야 한다는 점이 그다지 좋지 않은 것 같습니다. 모든 CD가 크리에이티브에 항상 강하지 않을 수도 있다는 것입니다. 전체를 관장할 수 있는 크리에이티브 디렉터는 그렇게 많지 않겠지요. 크리에이티브 디렉터라는 것이 연차가 차면 올라가는 직책이 아니라 하나의 독립적인 직책으로 교육이 이루어져야 한다는 것이지요. 조금 더 전문성 있는 크리에이티브 디렉터가 되어야한다고 생각합니다. 창의적인 아웃풋을 위해서는 전문성을 완전하게 보장받는 시스템이 이루어져야 합니다.

그리고 한국의 TV광고는 15초 광고가 주를 이루고 있어서 제대로 된 크리에이티브가 나오기 쉽지 않아요. 물론 짧은 광고에 맞는 크리에이티브도 있겠지만, 그렇지 않은 것도 있다는 것이지요. 외국 사람들이 보면 놀랄 일입니다. TV광고의 호흡이 조금 더 길어져야 하는 것이 아닌가 싶기도 하고요. 이런 상황에 해외 광고제가 하나의 잣대가 되는 것은 힘들다고 봅니다. 회사에서 주로 말 잘하고 영어 성적이 좋은 사원들을 우대하는 것도 창의적 능력 함양에는 부적절하다고 생각합니다.

물론 전문적인 직책을 맡게 되겠지만 다른 방면에도 무지해서는 안 되지요. 평소에 그림, 음악 등을 고루 즐기는 것도 굉장히 중요하다고 생각합니다. 그리고 전 개인적으로 스포츠, 운동도 굉장히 중요하다고 봐요. 운동이라는 것이 주는 균형 감각을 키워주는데, 이것이 크리에이티브를 하는 사람에게는 굉장히 좋아요. 부드러운 면도 있어야하지만 강한 힘도 있어야 합니다. 농구나 탁구에서 공을 다루는 감각을 익히는 것도 이 일과 무관하지 않습니다. 순간을 잡아내는 능력은 감각적이고 감성적인 작업에서도 발달될 수 있지만 운동에서도 길러질 가능성이 있어요. 스포츠 역시 크리에이티브와 연결되어 있지요.

예전에는 여러 가지 업무를 병행하는 것이 조금 스트레스지만, 요즘은 그래도 하나하나의 일들이 머릿속에서 제각기 방을 찾아서 잘 들어가요. 이 방 일이 끝나면 저쪽 방문 열고 들어가고 그러는 거지요.

라는다

크리에이티브는 자기작업을 통해 자신을 알고 더 새로운 것을 추구하고 발전해가고 만들어가는 과정입니다.

히하화이

자기 자신을 만드는 것이 사고의 폭을 넓히고 크리에이티브를 전개할 때 가장 중요합니다.

실석별음

자기 자신이 남과 어떻게 다른가를 확실히 아는 것, 다른 사람을 마냥 좇아가는 것이 아니라

확분차그다

**Kim Ho Chul**

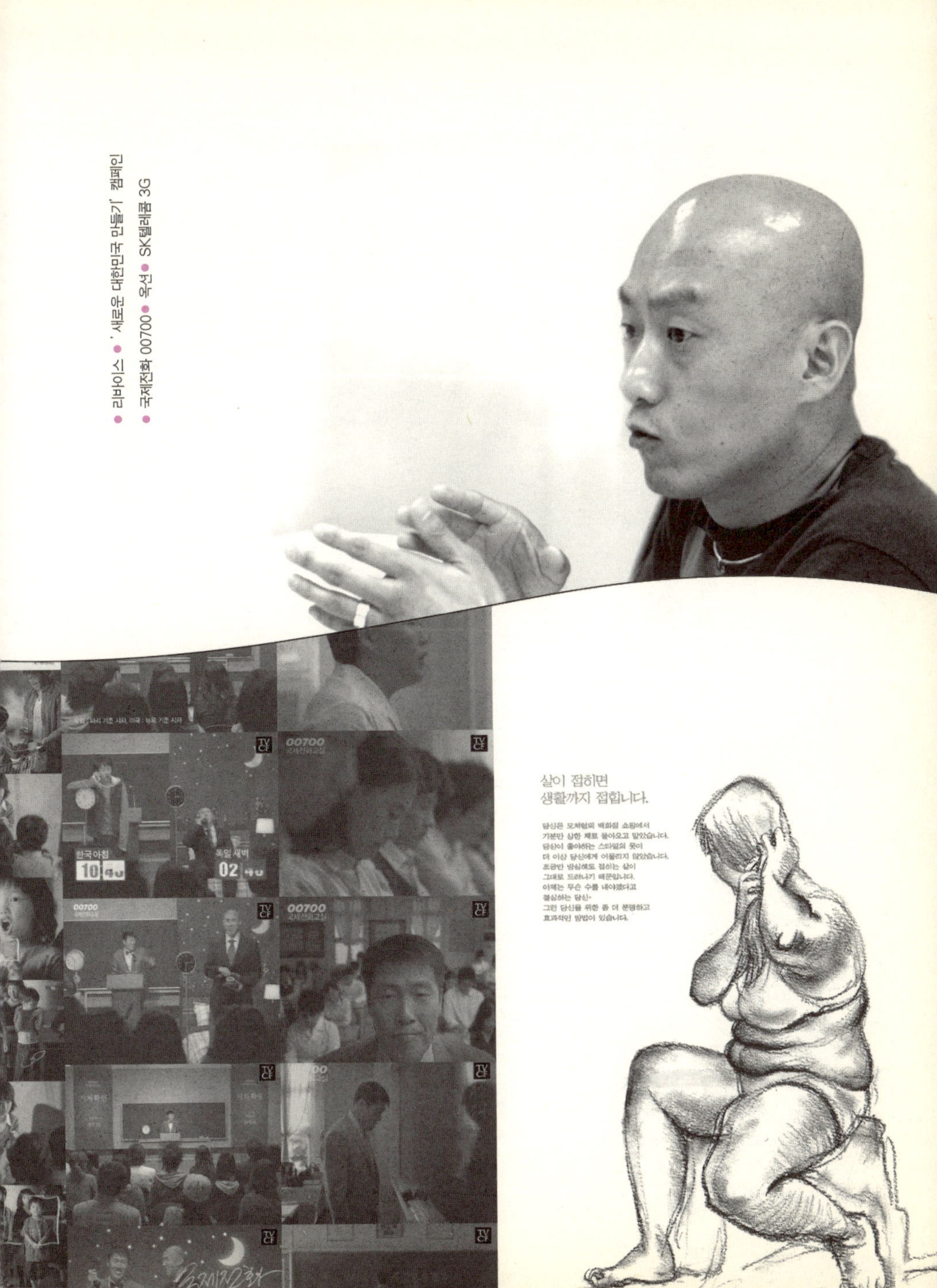

리바이스 • '새로운 대한민국 만들기' 캠페인
국제전화 00700 • 옥션 • SK텔레콤 3G


살이 접히면
생활까지 접힙니다.

당신은 모처럼의 백화점 쇼핑에서
기분만 상한 채로 돌아오고 말았습니다.
당신이 좋아하는 스타일의 옷이
더 이상 당신에게 어울리지 않았습니다.
조금만 방심해도 접히는 살이
그대로 드러나기 때문입니다.
이제는 무슨 수를 내야겠다고
결심하는 당신-
그런 당신을 위한 좀 더 분명하고
효과적인 방법이 있습니다.

## 먼저 '나'를 알고 제품의 본질을 추구하라

많은 기업들이 오늘도 야심만만하게 제품을 시장에 내 놓고 소비자들의 심판을 기다린다. 그러나 소비자가 항상 기업의 의도대로 움직여주는 것은 아니다. 그 이유는 여러 곳에서 찾아볼 수 있지만, 최근 시장 상황에서는 제품 간의 차이가 크지 않다는 것이 큰 이유 중 하나일 것이다. 다 그게 그것 같아 보이는데 소비자가 확실히 기억하고 손길을 뻗게 만든다는 것은 너무나 힘들고 어려운 일 같다. 광고의 전설이 되어버린 데이비드 오길비는 제품 간의 차이가 없다고 투덜거리는 크레이터들에게 끝까지 제품의 차별점을 찾아보라고 충고한다. 그래도 안 되면 아직 소비자에게 알려지지 않은 제품들의 공통적인 특성이라도 먼저 이야기하라고 강조한다.

자신이 직접 디자인한 옷부터 빡빡 밀어버린 머리까지, 외모에서부터 심상치 않은 기운을 발산하는 이사람. 무슨 일에서는 자신의 관점을 갖는 것, 그것이 경쟁력이라고 당당하게 말하는 TBWA의 김호철 수석국장. 김호철 국장은 이러한 제품 본질에의 집중을 중시함에 앞서 크리에이터는 작자 자신을 이해하고 솔직하게 알아야 한다고 주장한다. 자기 자신이 남과 어떻게 다른가를 확실히 아는 것. 다른 사람들을 마냥 좇아만 가는 것이 아니라 자기 자신을 만드는 것이 중요하다고 믿고 있다. 그리고 철저히 제품의 본질을 추구하는 정석의 길을 간다는 것이다. 그는 또한 '반항' 이라는 단어로 자신의 컨셉을 말한다. 알코올 중독자처럼 살았다는 대학교 시절과 일러스트레이션 공모전에서 대상을 받았던 짧은 뉴욕유학, 그리고 크리에이티브 디렉터로서의 시간까지… 그가 살아온 인생과 그가 만든 광고들이 반항이라는 단어를 잘 설명해 주고 있었다.

그는 분명 독특했다. 요즘 흔히 말하는 '자신만의 정신세계'를 가지고 있는 듯 했다. 그런데 그의 정신세계가 현재의 우리 광고 감각과 맞아 들어가는 것이 더 놀라웠다. 김 국장은 외모뿐만 아니라 습관도 무척 독특했다. 모든 것이 정리 정돈되어야만 했다. 인터뷰 동안 그가 가지고 온 세 가지 색깔의 네임펜과 메모지는 가지런히 줄을 맞추어 놓여 있었고 행여 이야기 중에 슬쩍 건드려 흐트러지면 정성껏 다시 정렬하고 이야기를 계속하는 것이었다. 수많은 광고인들과 이야기를 나누며 관찰을 해 보았지만 이런 사람은 처음이었다. 새벽같이 할리 데이비슨을 타고 나와 하루 계획을 세우고 직접 디자인한 옷을 입고 나이에 어울리지 않게 하루에도 수십 통의 문자를 날린다는 그는 만나자마자 필자의 울트라 관심 대상이 되어 버렸다.

김호철 국장이 맥켄에릭슨에서 만들었던 광고 중에 가장 기억에 남는다던 리바이스 광고는 필자에게도 강렬한 인상으로 남아있다. "아는 것이 힘이다"라는 글을 여러 번 겹쳐 쓴, 단순하지만 여러 번 반복해서 주장하는 듯 한 광고였다. 청바지라고 아무거나 막 입지 말고 잘 보고 고르라는 의미심장한 메시지를 담은 리바이스 광고를 만든 김호철 국장의 캐릭터를 눈앞에서 보니 그 문맥이 와 닿는 정도가 확 달라졌다. 자신의 작품에 대해 여간해서는 말을 잘 꺼내지 않는 김 국장의 최근 작품들은 그의 캐릭터를 반영하는 것들이 많다. '오늘의 옥션' 시리즈와 "00700 국제전화교실" 등이 최근 광고들인데 하나하나 뜯어보면 상당히 재미있는 면모들을 발견할 수 있다.

그의 작품 중 필자가 개인적으로 가장 좋아하는 것은 애니메이션으로 제작된 SK텔레콤 기업PR '대한민국을 새롭게 하는 자원봉사' 편으로, 아마 많은 사람들이 기억 할 것이다. "사당동에 사는 김종운 이명신 부부의 첫 번째 결혼기념일"이라는 카피로 시작하는 광고는 부부가 결혼 후 매일 3천 원씩 일 년을 모아서 1년째 되던 날 1천명의 노숙자들에게 먹을 것을 제공하는 아름다운 모습을 친근한 애니메이션으로 간결하게 표현한 광고였다. 특히 광고 말

● 인터뷰 중에도 소지품들은 계속 군인처럼 열을 맞추고 있어야만 했다.

미에 실제 부부의 사진으로 감동을 배가시킨 것을 보면 김 국장은 감동의 끈을 당기는 지점을 정확히 알고 있는 '선수' 임에 분명하다.

총 4편이 집행 된 이 시리즈 중 또다른 감동을 주는 것은 "두 마을 사이에는 작은 개울이 있었지만 다리가 없었습니다"는 광고였다. 지역 간의 반목, 계층 간의 반목 등으로 서로 으르렁 대는 현대판 로미오와 줄리엣 국가, 한국에서 새로운 의식으로 화합해 보자는 귀엽고 소박한 표현에 고개를 끄덕 거리게 만드는 크리에이티브의 승리였다. SK 기업의 이미지를 이토록 효과적 표현할 수 있었던 것은 매서운 눈초리로 조용히 고민하며 생각하고 또 생각하는 김호철 국장의 공이 컸을 것이다. 이런 휴머니즘 크리에이티브는 김호철 국장의 평소의 사람에 대한 관심과 호기심, 그리고 자신에 대한 고찰 끝에 나오는 것 같다.

그의 팀원들은 그가 너무나도 인간적인 매력을 갖고 있다고 했다. 부하직원들이 책에 나가는 인터뷰를 한다는 데 상사의 험담을 할리야 없겠지만, 부하직원들의 인격을 존중하고 예절을 갖추는 것은 물론이고 자녀들을 위해서는 언제든지 달려가서 함께 놀아주고 가장 친한 친구가 되어주는 것을 보면 정말 놀랍다고 한다.

인터뷰 날짜가 잡히고 나서 정말 많은 사람들이 필자에게 김호철 국장에 대한 사전 정보를 주었다. 무척 괴이한 사람이라고… 광고대행사 TBWA에서 그를 만났다. 가슴이 약간 철렁 하였다. 거의 도인과 같은 모습, 삭발한 머리에 옷은 심한 비보이 스타일, 무엇보다 그윽하게 상대를 바라보는 눈길… 아주 느릿느릿한 속도로 김호철 CD는 말을 이어나갔다. 가끔씩 말이 이어지지 않을 땐 혹시 내 질문을 잃어버렸나 할 정도로 그는 먼 산을 바라보며 길게 생각에 잠기기도 했다.

## 자신만의 관점, 그것이 경쟁력이다

이렇게 사람들 틈에서 온전하게 살 수 있을 거라고 생각 못했어요. 대학도 다니기 싫어서 군대 제대하고 최대한 휴학했으니까요. 그러다가 학교에서 잘리면 그냥 되는대로 살고 싶었는데, 어머니가 저 몰래 복학계를 내셔서 다시 학교를 다니게 됐습니다. 재밌죠? 공업디자인 전공으로 국민대 조형대학교에 입학했지만 제대 후 복학하면서 시각디자인으로 전공을 바꿨어요. 아티스트로서 사는 데에는 공업디자인보다는 시각디자인이 더 좋겠다고 생각했기 때문이죠. 복학 후에는 도시락을 두개씩 가지고 다니면서 정말 열심히 공부했습니다. 왜냐면⋯ 복학하고 2년 안에 졸업을 해야겠는데 제가 2학년 때까지 교련만 빼고 학점을 다 날렸거든요. 3학년 1학기 때 학점이 잘 나오면 수업을 많이 신청할 수 있다고 하더라고요. 그래서 정말 열심히 했죠.

그때는 아티스트가 되는 것이 제 유일한 꿈이었어요. 과제건 시험이건 제 스타일을 고수했지요. 물론 기본적인 요구사항은 지키면서 말이죠. 무슨 일이든 저만의 관점을 갖는다는 것, 그게 제 경쟁력이라고 생각합니다. 4학년 때 광고 관련 수업을 듣긴 했지만 광고에 특별한 관심이 있었던 것은 아니었어요. 저희 학교 윤호석 교수님 덕분에 이렇게 사회생활을 할 수 있었던 것 같습니다. 어느 날 교수님께서 저를 부르시더니 "자네는 졸업하고 뭐 할 건가?"하고 물으시더라고요. 딴 생각 없고 하고 싶은 거 하면서 살고 싶다고 말씀 드렸죠, 교수님께서 저 같은 사람은 빨리 현장에서 일하는 게 좋을 것 같다고 하시면서 회사를 소개시켜 주셨어요. 딱 3년만 다녀 보라고 하셔서 나라기획에 들어갔고, 그 약속만 지키겠다는 생각으로 회사에 나갔죠.

회사에 들어가서 카피라이터란 직업이 있다는 걸 알았어요. 너무 신기했어요. 그래서 카피라이터 동료를 붙잡고 정말 이것저것 많이 물어 봤어요. 그때 사귄 동갑 카피라이터들과 지금까지도 소띠 모임으로 모이고 있는데 그 사람들이 결국 제 인생의 선생님이 되어주고, 제가 살아갈 수 있도록 많이 도와줬습니다. 저는 직장을 다니면서부터 사회화가 시작되었어요. 이전의 저는 전혀 사회화가 안 된 사람이었지요. 나라기획에서 5년 반 동안 있었는데 일이 생각보다 훨씬 재미있더군요.

## 일터는 배움을 줄 사람과 시스템이 있는 곳

나라기획에서 맥켄에릭슨으로 회사를 옮기면서 본 조건은 딱 두 가지였어요. 하나는 '벤치마킹할 사람이 있는가' 와 '담당하고 싶은 광고주가 있는냐' 였습니다. 전형적인 외국회사였던 맥켄은 회의도 영어로 해서 날마다 머리에서 쥐가 날 지경이었어요. 그래서 영어 가정교사를 두면서 공부했습니다. 사장님과 중요한 일의 결정권을 지닌 임원들은 7시 반 정도에 출근하는 거예요. 저도 7시 반에 출근했어요. 중요한 사항들을 아침회의에서 다 결정해서 한국 스텝이 출근하면 효율성 있게 일을 배분해 주는 거죠. 제가 그 때 주니어 크리에이티브 디렉터였는데 그 방식을 배워서, 아침에 계획을 다 짠 후 계획적이고 효율성 있게 일을 배분해 주곤 했습니다.

그때의 습관이 일하면서 계속 유지되고 있습니다. 아침을 알차게 보낼 수 있어서 좋아요. 대부분의 광고회사가 늦게 일을 시작해서 뒤로 갈수록 자꾸 늦춰지면서 결국 밤을 많이 새게 되는데… 별로 좋지 않거든요. 지금도 아침을 아주 빡빡하게 보내는 편이에요. 기획팀과의 회의도 아침에 하고, 많을 때는 오전에만 4건까지도 해봤어요. 저는 지금도 회사에 제일 일찍 와요. 8시 10분쯤. 저희 팀 직원들한테 '우리 아침에 부지런히 살자'고 당부하죠. 처음에는 힘들지만, 실제로 아침을 잘 보내면 오후 시간에는 각자 시간을 어떻게 보내든 간섭하지 않거든요. 다들 잘 따라주고 있어요. 맥켄에서 3년 반 정도 일하다가 다시 제일기획으로 옮겼어요. 제일기획의 교육 시스템은 제게 큰 기회였죠. 배울 기회가 많은 것이 그렇게 좋을 수 없었어요. 받을 수 있는 교육은 놓치지 않고 다 받았습니다. 영어교육은 "한 번 더 들어도 되요?"라고 인사팀에 확인하고 두 번씩 교육을 받기도 했어요.

제가 80학번인데요, 광고회사에서는 아날로그로 일하다가 디지털로 업무 시스템이 바뀐 세대라 일을 가장 많이 해야 했던 세대에요. 그러면서도 완벽하게 디지털화도 되지 못한 사람들이죠. 아직까지도 섬세한 작업은 능숙하지 않아서 답답하기도 하지만, 기본적인 레이아웃이나 기술적인 문제들은 조금씩 흡수를 하고 있어요. 김홍탁 국장님도 그렇고 박웅현 위원님도, 이오진 국장도. 이런 저희 또래는 정말 부지런합니다.

## 나를 흔드는 작업, 일러스트레이션

대학 다닐 때 같은 디자인 양말을 색깔만 다르게 짝짝이로 신고 다녔어요. 제 말이 유난히 느리다고 "충청도 사람이냐?"는 질문도 많이 받지만 서울 토박이고요. 남한테는 별로 관심이 없어요. 그저 제 일만 묵묵히 열심히 할 뿐이죠. 그렇지만 일할 때마다 '아, 나는 왜 이정도 밖에 못할까, 왜 이렇게 부족할까' 하고 자책합니다. 매번 새로운 작업을 해야 하기 때문에 경력이란 게 별 도움이 안 되거든요. 물론 일을 진행하며 순간순간 내리는 판단이 정확한 방향으로 작업을 이끌어 가는데 조금씩 도움이 되긴 하지만, 매번 작업마다 어려움을 느낍니다.

제일기획 시절 어느 날 인사팀에 올라가서는 '나를 한번 흔들어야겠다. 한 일 년 정도 밖에 나가서 쇼크를 받고 오고 싶다. 회사에서 허락을 해줄 수 있나. 허락을 못해준다면 사표를 내고 가겠다' 고 했죠. 그랬더니 특별히 연수휴직이란 것을 만들어 주더군요. 그때 뉴욕에 갔어요. 사실 돌아오지 않을 목적으로요. 뉴욕에 있는 '스쿨 오브 비주얼 아트School of Visual Arts' 에 예전부터 꼭 다니고 싶었거든요.

고등학생 때부터 엽서 위에 그림일기를 그리는 작업을 하고 있어요. 제가 지금까지 살아온 모든 역사가 그 속에 그대로 있어서, 그 그림일기를 보고 있으면 그 당시에 제가 무슨 생각으로 살았는지가 생각나요. 그런데 그걸 다른 사람들이 보면 어떻게 생각할까 궁금했습니다. 그래서 그 중 28장을 조합해서 일러스트레이션 공모전에 냈습니다.

출품의 진짜 이유는 당시 스쿨 오브 비주얼 아트 학장이었던 마샬 아리스만이 심사위원이었기 때문이었어요. 미국에서 가장 유명한 일

● 그림일기를 보고 있으면 그 당시에 제가 무슨 생각으로 살았는지가 생각나요. 그걸 다른 사람들이 보면 어떻게 생각할까 궁금했습니다.

In Detroit, a Sex Change
The Advertising Century
The 1957 Cadillac
00001XX
치약
Hello, is anybody out there?
fi fi
200011XX

러스트레이터거든요. 한국의 서울대 김규만 교수님 빼고 나머지 심사 위원 세분이 다 미국 현직 일러스트레이터였는데 이 사람들에게는 내 작품이 어떻게 평가될까, 정말 궁금했어요. 결국 그 공모전에서 대상을 수상했습니다. 심사평은 "작품 속에 스토리가 있는 것 같고, 표현의 폭도 상당히 넓다"는 것이었어요. 단순한 드로잉부터 복사, 유화, 여러 가지를 더덕더덕 붙인 오브제 작업 등 갖가지 표현을 통해 시대의 역사를 표현하려고 노력한 결과물 이었는데, 평가가 좋아서 보람있었습니다.

정말 신기했어요. 다른 사람들에게도 저만의 표현이 받아들여질 수 있다는 게! 그때 용기를 많이 얻었죠. 이후로는 일본이나 미국의 실험적인 공모전에만 출품하고 있어요. 사실 그런 작업들이 제 자신을 자학하는 매우 힘든 작업이에요. 대학교 때 저는 거의 알코올 중독자처럼 살았어요. 밤에 술 마시고, 아침에 일어나서 작업하고. 그렇게 살았던 것이 다행히도 지금 많이 도움이 됩니다. 또 그때는 평론을 쓰고 싶었어요. 그래서 닥치는 대로 정말 많이 읽고 또 읽었는데, 그것들이 제가 지금 일할 때마다 구석구석에서 도움이 되는 거 같아요.

잠깐 뉴욕에 있으면서 더 빨리 오지 못한 것을 후회했지만, 아버님이 위독하시다는 소식에 3개월 만에 귀국했습니다. 그때 이혼까지 하게 돼서 직접 아이들도 돌보아야 할 상황이었는데, 제일기획에서는 아무래도 무리였어요. 마침 알고 지내던 한상규 실장이 제안해서 신생 대행사 컴투게더로 자리를 옮겼죠. 굉장한 모험이었지만 재미있었어요. 그런데 일이 많지 않고 생활이 느슨해지니까 못 살겠더라고요. 저는 바쁘지 않고 일이 없으면 금단현상 같은 게 나타나거든요. 이를테면 일중독 같은 거죠. 저희 꼬마들 기저귀도 떼지 않았을 때부터 제 손으로 키웠는데 아이들을 키운다는 게 정말 보통일이 아니에요. 그렇게 키운 꼬마 둘이 지금은 제 친구가 됐어요. 아빠를 친구로 생각하고 많이 이해해줘서 고맙지요. 제 일도 많이 이해해줍니다.

그렇게 컴투게더에서 2년간 일하다가 TBWA로 옮긴지 5년이 넘었습니다. TBWA에서 광고를 정말 많이 배웠어요. 저는 사람들한테서 많은 것을 배워요. 사람들을 관찰하다 보면 정말 무한한 것들이 발견되지요.

## 전화하지 마세요, 문자로 얘기해요

아침 샤워시간이 중요해요. 집에서 나오기 전 샤워하면서 그날 해야 할 핵심적인 생각들을 많이 합니다. 그때는 굉장히 냉정해져요. 판단은 아침에 많이 하는 편이고, 띄엄띄엄 생각나는 것들은 메모도 하고, 휴대폰에 문자로 저장해놓기도 해요. 저는 문자를 빨리 쓰거든요. 팀 사람들한테 음성통화하지 말자고 해요. 통화할 때 상대방 감정을 맞춰줘야 한다는 게 힘들어요. 상대방이 저한테 맞추는 것도 불편하고요. 그래서 하루에 문자를 20개 이상씩 보냅니다. '지금 회의한다, 광고주 간다' 이런 식으로 문자로 이야기 하죠. 그리고 휴대폰에 그때그때 마다 생각나는 것들, 모티브, 화두, 컨셉 등을 다 적어놔요. 나중에 보며 아직 이것밖에 없나, 자학하면서 지우긴 하지만…

마흔이 넘고 저만을 위한 것도 하나쯤 있어야겠다는 생각이 들어서 매주 토요일마다 갤러리아 백화점에서 사람구경을 열심히 했어요. 심지어 그곳 사람들이 저를 알아볼 정도였다니까요? 3년 전 어느 촬영장에서 할리데이비슨을 탄 사람들이 지나가는 것을 보고 '그래 바로 저거야. 내가 일 년 안에 저걸 꼭 타고 말거야' 하고 결심했어요. 성격상 혼자서만 열심히 타고 다녀요. 밤에 안 다녀 본 골목이 없을 정도인데, 탈 때 마다 할리는 제게 큰 위로가 됩니다. 시동 걸고, 가슴에 느껴지는 그 소리와 진동은 정말 말로 표현 못하죠.

함께 작업하면서 이 사람이 딱 이다, 그런 적은 없는데요. 사실 많은 사람들이랑 일하다 보면 '아, 이런 점은 참 좋다' 라고 느낄 때는 있죠. 그렇지만 저는 사람의 인연이 절대적이라고 생각하지 않아요. 제가 세상을 좀 허무하고 공허하게 바라보는 편이에요. 그래서 방황하던 시절에는 출가하려는 생각도 꽤 했었어요. 지금도 그렇지만, 내 속에 내가 너무 많은 것 같아요. 제 번뇌는 제가 주체하지 못할 정도로 많지요. 멀쩡하게 사는 것 같아도 머릿속은 정말 괴로워요. 어제 회식자리에서 나온 말이 '선의의 질투심' 이란 것이었는데요. 다른 사람이 만든 좋은 광고를 보면 나도 한번 저렇게 해봐야 되는데, 하는 생각도 들지요. 좋은 작품들을 보면 어떻게 생각이 저기까지 갔을까, 궁금하고 나도 저렇게 해봐야 하는데, 하는 답답함도 느끼죠.

제대하고 다음날부터 운전학원을 다녔었는데 '택시운전을 해야겠다' 란 생각 때문이었어요. 그 때는 뭔가 남한테 약간의 서비스를 제공하는 것도 좋겠다는 생각이 들었었거든요. 저는 길눈이 아주 밝아요.

사람들이 저한테 '인간GPS'라고들 하죠. 방향감각이 정말 발달되어 있어요. 외국에 촬영을 가도 하루만에 숙소와 촬영장소의 방향 같은 것이 머릿속에 판독되지 않으면 답답해요. 제가 뭐든 각을 잡고, 줄을 맞춰서 정리하는 스타일인데 그런 성향과 일맥상통하지요. 제가 있는 좌표에 대한 물리적인 정리가 되어 있어야만 해요. 그래서 택시운전이 좋겠다고 생각했었죠. 그게 아니면 좋은 말로 '아티스트'가 되었을 거예요.

## 문자 자체에도 크리에이티브가 숨어있다

문자에 대한 관심은 어렸을 때부터 많았어요. 어렸을 때 아버지께서 항상 보시던 〈문예춘추〉라는 일본잡지에서 보수적인 기업광고들을 처음 봤는데, 한자가 그렇게 보기 좋더라고요. 글자가 형상에다가 규칙을 만들어서 의미를 풀어간다는 것이 신기했죠. 문자는 대단히 흥미로운 오브제예요. 문자는 단순히 글자만이 아니라 아이콘적인, 형상적인 추상성, 관념적인 것이 담겨져 있다고 생각합니다. 문자를 보면 굉장히 흥분돼요. 그래서 타이포그래피, 캘리그래피 등 문자로 만드는 작업을 좋아하죠.

그때 그 〈문예춘추〉지를 지금은 제가 구독하고 있습니다. 거기서 어느 일본작가가 머리 박박 밀고 정면을 응시하던 모습을 보고 완전히 매료됐습니다. 내력을 담고 있는 것처럼 강렬했다고 할까요? 결국 나라기획에서 맥켄으로 옮길 때 삭발했어요.

우리나라에서는 머리를 미는 것에 대한 선입견이 있잖아요. 스님이라든지 반항하는 사람이라든지. 그런데 일본작가들 중에는 머리를 짧게 깎은 사람들이 많아요. 그게 참 보기 좋았어요. 제가 머리는 이렇게 박박 밀었지만 사실 그 속은 산발이에요. 얼마나 번뇌가 많은데요. 그래서 더 자학하듯 잘라요. 오랫동안 제가 혼자 제 머리를 밀었는데 요즘에는 블루클럽 같은 곳에서 3일에 한 번씩 깎습니다. 다녀 온지 이틀만 지나면, '아 머리가 벌써 이렇게 자랐나?' 하는 생각이 듭니다. 머리가 자라면 긴장감이 없어지는 것 같아서 못마땅해요.

가장 기억 남는 광고요? 리바이스지요! 그때 컨셉이 가짜 리바이스를 사지 말고 오리지널을 잘 보고 사라는 거였어요. "아는 것이 힘이다"는 헤드라인은 글씨를 여러 번 반복해서 만들었어요. 그 광고는 마치 제 개인작업을 하듯 만든 것이었어요. 가장 잘 맞았던 광고주이기도 해요. 어떤 실험을 해도 다 수용을 해주었으니까요. 광고뿐만이 아니라 매장 머천다이징까지 시도하고 싶었던 것은 다 해봤는데, 모든 것을 수용을 해주더라고요.

초기에 5년 동안 담당했던 한국IBM도 크리에이티브 수용력이 상당히 높았어요. 제게 '광고는 이런 거다' 라는 걸 가르쳐 준 것 같아요. 당시 IBM 광고는 꽤 세분화 되어있었고, 광고의 역할과 그에 따른 각각의 가이드라인, 포맷이 제시되어 매년 아시아 지역만 광고 클리닉을 실시했어요. 저도 기회를 놓치지 않고 참석해서 같은 제품을 놓고 각 나라에서 해석하는 방법 등을 리뷰하면서 많은 것을 배웠습니다. 그때 정말 많이 배웠어요. 거의 공부하듯 광고를 만들었는데 아주 재미있더라고요. 제일기획으로 가니까 대기업 광고는 문제를 풀어가는 맥락이 또 다르더군요. 정치성도 있고, 여러 가지 파워게임도 있고, 수많은 변수를 조율해가며 만드는 것도 큰 공부가 되었던 것 같습니다.

## 나를 위한 고민, 나만의 작업

우리 같은 창의적인 작업을 하는 사람들은 다 마찬가지이겠지만, 자기 자신을 이해하고 솔직하게 아는 것이 먼저입니다. 자기 자신이 남과 어떻게 다른가를 확실히 아는 것. 스스로 자기 자신을 만드는 게 중요해요. 광고는 피상적으로 좋아하면 금방 만드는 사람의 경쟁력이 떨어집니다. 공모전만 많이 참가하는 것 보다는 자기 자신에 대한 고민을 많이 하는 게 더 중요하죠. 내가 누구인가, 내가 무엇을 잘 할 수 있는가, 내가 남과 다른 것이 무엇인가. 그것에 대해 계속 고민하고, 발견하는 과정에서 자신만의 창의성을 번전시키는 것이 중요합니다.

그래서 저는 항상 팀원들에게 자기작업을 많이 하라고 권합니다. 카피라이터가 그림을 그리거나 사진을 찍을 수 있고, 아트 디렉터도 사실 시각적인 자기 언어를 만드는 것입니다. 그런 사고가 넓혀져 있지 않으면 크리에이티브를 발전시키기 힘들죠. 항상 생각을 열어놓고, 끊임없이 새로운 것을 추구하고 발견해가고 만들어가는 과정이 필요합니다.

광 공 세 만
고 감 상 들
로 하 을 다
는

근본적으로 광고는 '공감' 입니다.

공감을 이끌어내기 위한 커뮤니케이션 활동이지요.

그렇기 때문에 광고 크리에이티브는 '공감'을 이끌어내기 위해 투여된 카피와 비주얼의 절묘한 하모니 라고 생각합니다.

**Kim Hong Tack**

● 삼성기업PR ● 삼성전자 글로벌(무선통신, 반도체, 디스플레이) ● 삼성전자 애니콜 ● 삼성생명

● 마이크로소프트 ● 스포츠투데이 ● 구몬수학

# 문학도, 광고를 만나다

어느 토요일 오후 명동을 걷다가 고개를 들어 보니 비비안 매장 건물 3층에 가로 세로 3미터씩은 되어 보이는 커다란 현수막 광고가 걸려 있었다. 그렇게 자신의 첫 카피를 보고 장승처럼 굳어버린 김홍탁 국장은 비비안 팜팜브라로 광고 데뷔전을 치렀다. 잡지광고에 작품이 실리기로 결정된 후 명동에서 잡지보다 먼저 자신의 카피를 보는 순간 감격보다는 무서운 생각이 들었다. 내가 책상 위에서 끄적거린 글들이 이렇게 백주 대낮에 사람들의 뇌 속에 침투하고 있구나, 하는 생각에 이미지의 조작자가 되지 말아야겠다고 다짐했다. 그 사건은 그에게 광고에 대한 관점과 광고인으로서의 자세에 대해 늘 돌이켜보게 만드는 지워지지 않는 몽고반점이 되었다.

첫눈에 만만치 않은 내공을 풍기는 광고인 김홍탁. 외모로만 판단한다면 패션모델이나 유럽의 영화배우 같았다. 그러나 그 크리에이티브의 촘촘함과 유려함을 알게 되면 그는 또 다른 사람으로 보인다. 김홍탁 국장은 고등학교 때 문예반 활동 하면서 정기적으로 읽고 쓰고 토론하는 활동을 생활화했다. 주로 시를 썼고 영화에 대한 단평을 쓰기도 했다. 대학에서 영문학을 전공했고, 남들이 영어회화나 토플 같은 실용영어를 공부를 할 때 영어 학원 한 번 다니지 않았다. 문학작품을 중심으로 인문사회 서적을 읽었고 바로 대학원에 진학해서 문학공부를 더 하다가 석사학위를 받고 공군장교로 군 생활을 했다.

그의 광고들을 보면 그런 관심과 경력이 어떻게 작품 속에 녹아들었는가 알아볼 수 있다. 삼성전자의 해외광고를 5년여 동안 담당했던 경험은 그의 광고가 컨셉과 미학적 세련미를 갖추는데 큰 밑바탕이 되었다. 또한 눈길을 끌었던 박정아와 세븐의 삼성 애니콜 배틀 시리즈는 젊은이들의 문화코드를 정확히 읽어낸 광고들로, 그의 미적 감각을 익히 알아볼 수 있는 것들이었다. 김 국장이 애착을 가지는 CJ의 가쓰오우동 시리즈는 당시 독특한 표현과 서정적 화면, 그리고 절제된 내레이션이 기억에 오래 남는 광고였다. 카피라이터 출신 크리에이티브 디렉터답게 "이 세상 가장 향기로운 커피는 당신과 마시는 커피입니다"라는 맥심광고도 만들었다. 커피의 향이라는 물성적 특성을 연인 사이의 사랑의 향기로 치환시켜 표현한 점이 젊은 연인들 사이에 큰 호응을 얻었다. 한때 '맥심식 프로포즈' 란 말이 있을 정도였다. 불멸의 카피로 손꼽히는 "가슴이 따뜻한 사람을 만나고 싶다" 이후 그 맥을 잇는 수작광고라 하겠다. 삼성의 기업광고 중 "함께 가요 희망으로" 시리즈도 그의 내공과 광고철학이 잘 녹아든 작품으로, 기업의 사회공헌에 관한 고지 및 학습에 일타를 가했다. 그의 광고 중 가장 흥미로운 것은 일간지 〈스포츠 투데이〉의 런칭광고이다. 당시로는 획기적이라 할 만한 본격적인 SF형식의 광고였다. 어찌 보면 〈맨인블랙〉 영화의 원형과도 같은 광고였다. 박명천 감독과 함께 가급적 컴퓨터 그래픽에 의존하지 않고 직접 만들어 촬영하여 광고계를 놀라게 했던 시도였다.

공군 장교 제대 이후 기자가 되려고 했으나 시험에 응시하기엔 이미 나이가 초과한 상태였다는 김홍탁 CD, 그렇다고 일반 직장생활은 자신이 없었던 차에 우연히 언론사 입사를 준비하던 군대 동기들이 준 삼희기획 공채정보를 보고 '글' 이 '밥' 이 될 수 있는 '카피라이터' 라는 직업을 알게 되었다. 그리고 삼희기획지금의 한컴에 카피라이터로 합격했다. 그 때는 삼희기획이 대우의 전 물량을 담당하던 상위 5위권 안에 드는 광고대행사여서 경력 쌓는데 도움이 된다고 판단했다. "당시에는 마케팅적 사고보다는 창의적인 상상력을 지닌 사람들이 많았어요. 지금처럼 치열한 공모전의 결과치를 필요로 했다면 저는 광고회사에 발붙이지도 못했을 겁니다. 운이 좋았죠." 이렇게 그의 광고 인생은 시작되었다.

## 아이디어의 아웃풋은 절대적으로 인풋에 비례한다

제가 광고계에 입문했을 당시에는 시인, 소설가 같은 순수문학 하던 사람들도 카피라이터로 활동하던 때라, 일반화 할 수는 없겠지만 대체로 세상을 보는 통찰력이 꽤 깊고 넓었어요. 그래서 저는 후배들에게 요즘 유행하는 '성공하는 ~가지 유형' 같은 트렌디한 마케팅 책만 읽지 말고 인문사회 서적을 많이 읽으라고 권하죠.

저는 김수영 시인의 말 중 "살아 있는 모든 것은 본질적으로 불온한 것이다"에 공감해요. 비판적 시선을 견지한다는 것은 기존 가치관을 가진 입장에서 보면 다 불온한 것입니다. 그러나 비판적 시선을 갖는다는 건 살아 있다는 증거입니다. 문제점을 직시하지 못하면 새로운 것을 만들어 낼 수 없죠, 구태의연한 시스템에 그저 몸을 맡기는 것 밖에 되지 않아요.

광고계에 몸담으면서 그저 흘러가는 시스템대로 몸을 맡겼던 적은 없습니다. 애증의 시선을 갖고 있었기 때문에 실질적인 광고산업의 발전에 기여하려는 의지를 유지할 수 있었다고 봅니다. 제가 광고평론가로서도 활동하는 이유도 거기에 있습니다. 광고업이 가진 기존의 가치관에 그냥 함몰돼 버리면 그야말로 달콤한 엔터테인먼트업에 종사하고 있는 것 같은 착각이 들지요. 물론 광고는 너무나 소비지향적인 산업이죠. 그러나 조금만 객관적인 시선으로 바라보면 개선되어야 할 점이 한 두 가지가 아니라는 것과 광고가 정말 좋은 목적으로 사용될 수 있는 여지 많다는 것을 알게 됩니다.

초년병 때는 전철로 출퇴근을 하며 많은 생각을 했어요. 지금은 주로 운전하면서 생각을 많이 하죠. 그렇다고 아이디어를 구상하는 특별한 장소나 시간대가 있는 것은 아닙니다. 제 머릿속엔 '24시간 어디서든 아이디어 만들기' 시스템이 작동합니다. 아이디어를 낸다는 것은 평소에 얼마나 많은 생각을 머릿속에 비축을 해 놓느냐와 같은 의미입니다. 담긴 게 많아야 퍼낼 것도 많다는 거죠. 공짜 아이디어는 없습니다. 아이디어의 아웃풋은 절대적으로 인풋에 비례하니까요.

선사시대 암각화를 찾아, 공룡발자국을 찾아, 야생화를 만나러, 늪을 찾으러 주말이면 쏘다니던 여행, 30대 초반까지 가슴 설레며 읽던 책들, 그리고 매일 한편씩 보던 영화 등에서 많은 아이디어 팁을 얻었어요. 그 때 제 곳간을 채워 두지 않았더라면 지금은 간신히 자리를 보전하고 있겠지요. 그렇다고 많이만 읽고, 보고, 돌아다닌다고 해서 해결되는 것은 아닙니다. 결국 크리에이티브의 승부는 내공의 싸움입니다.

남이 해본 만큼, 남이 가본만큼만 경험하는 것은 아무 소용없습니다. 거기서 나오는 것은 다 비슷하니까요. 아이디어나 생각의 질을 확보하려면 남보다 한발 더 나가야 합니다. 그래서인지 물론 훌륭한 크리에이터일 경우를 전제로 하는 것이지만, 내공 있는 시니어를 감당해 내는 주니어를 찾는 것이 그리 쉬운 일이 아니더군요. 제 주위엔 '사장님의 끊임없는 아이디어를 감당할 수 없다' 는 직원들이 많습니다. 그런 회사는 튼실합니다. 그런 상사를 만나지 못한 사람이 불행한 거죠.

## 컨셉 싸움에서 공감 끌어내기

근본적으로 광고는 '공감'입니다. 공감을 이끌어 내기 위한 커뮤니케이션 활동이지요. 그렇기 때문에 광고에서 크리에이티브는 '공감을 이끌어내기 위해 투여된 카피와 비주얼의 절묘한 하모니'라는 게 제 생각입니다. 커뮤니케이션은 기본적으로 두 사람이 있어야 가능하죠. 가장 좋은 방법은 서로 얼굴을 맞대고 하는 커뮤니케이션입니다. 가장 짧은 시간 안에 상대방을 이해하게 되고 서로의 공감을 확보할 수 있으니까요. 그러나 광고는 불특정다수에게 일단 뿌려 보는 커뮤니케이션입니다. 상대방이 들어줄지 어떨지 정확히 판단하기 어렵지요. 그런 상황에서 상대방이 최대한 주의를 기울일 수 있도록 접근해야 합니다. 제한된 시간 안에 상대방을 설득시키는 것은 쉬운 일이 아니기 때문이지요. 광고가 눈만 뜨면 차별화를 내세우는 이유도 거기에 있습니다. 그런 관계로 광고는 조근조근 소비자에게 말을 걸어야합니다. 소비자가 귀 기울여 이해하고 공감하게 만들어야 합니다.

이렇듯 공감을 확보하기 위해 할 일이 너무나 많아요. 아직도 우리의 광고는 일방적으로 외치기만 해요. 상대방은 염두에 두지도 않고 말하고 싶은 내용을 쏟아 붓죠. 그런 광고는 공감은 커녕 반감만 사게 됩니다. TV에서 방영되는 광고들을 주의 깊게 살펴보세요. 고개가 끄덕여지는 광고가 그리 많지 않지요?

공감을 이끌어 내기 위해서 광고만큼 비용이 많이 투여 되는 커뮤니케이션 장르도 없습니다. 사실 공감 확보를 위한 비용이 너무 크다고 생각합니다. 즉 그저 흘러오던 시스템대로 광고 한편을 생산해 내는 방식으로는 승부가 힘들다는 이야기입니다. 요즘처럼 정보량이 많아지다 못해 노이즈 현상이 일어나는 상황에서, 더욱이 기본 4대 매체에 대한 효과가 의문시 되는 시점에서 공감 확보는 더욱 어려워지고 있습니다. 다른 장르와는 달리 즉각적인 반응을 이끌어 내야 하는 것이 목표이므로 더더욱 공감을 이끌어내는 것은 중요합니다. 광고는 '지금'을 움직여야 하는 장르이니까요. 나중에 훌륭한 작품으로 인정받는 것은 아무 의미가 없습니다.

공감을 확보하기 위해서는 첫째, 소비자 인사이트에서 시작해야 합니다. 소비자 인사이트란 새로운 것은 아닙니다. 전부터 생산자가 아니라 소비자의 마음속에서 컨셉을 뽑아내야 한다는 말은 있었습니다. 다만 최근에 '소비자 인사이트'란 용어로 정착된 것이지요. 이 명제는 이전에도, 지금도, 앞으로도 유효할 것입니다. 공감을 이끌어내려면 광고 메시지를 받아들일 소비자의 마음과 대화해야 하니까요. 너무나 당연한 얘기지만 제대로 지켜지지 않고 있는 게 사실입니다.

둘째, 새로운 화법을 생각해내야 합니다. 크리에이티브 활동이란 어차피 사람의 경험치에서 벗어날 수 없습니다. 사람의 인식에서 벗어난 새로운 것을 만들어 내기가 그만큼 어렵다는 얘기입니다. 다만 '어떻게 새롭게 보일 수 있겠는가'의 문제이지요. 예를 들어 삼성생명의 '긴 인생 아름답게' 캠페인은 지극히 평범해 보이는 광고입니다. 우리 일상에서 흔히 일어나는 일이지 않습니까? 그런데도 사람들은 그 광고를 좋아했습니다. 사람들이 너무 인위적이고 조작적인 광고만을 보아왔기 때문에 그 광고의 자연스러움을 새롭게 느꼈던 것입니다. 진솔함에 감동 받은 것이지요.

결국 광고는 컨셉 싸움입니다. 컨셉을 얼마만큼 효과적으로 구현해내느냐에 따라 승패가 갈리지요. 적합하고 독특한 아이디어를 창출해내는 것, 그리고 그 아이디어를 의도했던 기준치 이상의 훌륭한 창작물로 만들어내는 작업, 이 두 가지를 잘 이루어낼 수 있다면 능력 있는 크리에이티브 디렉터일 것입니다.

한마디로 정의하자면 훌륭한 크리에이티브 디렉터는 컨셉을 명확하고 독특한 방식으로 구현해낼 수 있는 사람입니다. 하나의 광고물이 만들어지는 데는 크게 두 단계의 작업이 필요합니다. 하나는 컨셉을 설정하고 아이디어를 짜내서 광고주의 합의를 거쳐 안을 결정하는 단계고, 다른 하나는 감독이나 포토그래퍼 등 스텝을 구성하여 머릿속에 그리고 있는 그림을 구현해 내는 작업입니다. 크게 아이데이션 단계와 실 제작 단계로 나눌 수 있는 것이죠. 그 두 단계에 걸쳐 크리에이티브 디렉터는 끝까지 컨셉을 견지하면서 완성물을 만들어내야 합니다.

창의성의 문제는 둘째치고, 우선은 메시지라도 전달되어야지요. 메시지 전달력이 약하다는 것은 아이디어 자체가 컨셉을 담기에 적합한 것이 아니거나, 아이디어는 괜찮은데 제작과정에서 제대로 구현을 못한 경우일 것입니다.

## 아트로 꽃피우는 마케팅 퍼포먼스를 지휘하라

어떤 아이디어가 독창적이면서도 광고목표 치에도 가장 근접한 것이

나를 판단하는 것은 어려운 일입니다. 그러나 독창성uniqueness과 관련성 relevance의 두 영역만큼은 늘 염두에 두어야 합니다. 광고는 창의적 작품이니까요. 태생은 마케팅의 영역에 속하지만 그것을 제시하는 방식은 '아트' 라는 겁니다. 그런 관점에서 광고는 마케팅 보고서가 아니라 '마케팅 퍼포먼스' 여야 합니다. 문제점을 해결할 수 있는 컨셉을 뽑아내고 그것을 보고서로 옮기는 것이 아니라 퍼포먼스로 업그레이드 시키는 것입니다. 퍼포먼스를 위한 아이디어를 창출해내는 데에는 직관이 필요하죠. 소비자는 TV에서 보고서를 읽어 주길 바라지 않습니다. 상업적 메시지가 담긴 한 편의 영화를, 연극을, 다큐멘터리를 보길 원하는 것입니다.

아이디어는 괜찮은데 실제 제작 과정에서의 함량미달로 메시지 전달이 잘 안 된다는 경우 CD는 감독이나 포토그래퍼를 비롯한 스텝 선정에 신중을 기해야 합니다. 유명세에 휘둘려 제작의 대부분을 감독에게 일임하는 크리에이티브 디렉터들은 엄연히 직무유기입니다. 감독은 크리에이티브 디렉터가 한 작품을 완성하기 위해 고려하는 수많은 체크리스트 중 하나일 뿐이죠.

우리나라에선 유독 모든 초점이 감독에게 맞춰져 있는데, 우리 광고문화의 여러 가지 기형적인 모습 중 하나에요. 물론 이미지로 승부하는 경우 감독의 역량은 중요합니다. 그러나 '훌륭한 감독이란 보기 좋은 그림을 만드는 사람이 아니라 컨셉을 보기 좋게 만드는 사람이어야 한다' 는 점을 먼저 명심해야 합니다. 크리에이티브 디렉터가 원하는 컨셉이 어떤 것인가를 가장 잘 이해하는 사람이어야 한다는 거죠.

크리에이티브 디렉터가 그 부분을 조율하지 못하면 그림은 예쁠지라도 메시지가 전달되지 않는 광고들이 나올 수 있습니다. 아이디어가 강하더라도 그 아이디어를 실제로 구현하는 후속작업이 약하면 원래 의도와 180도 다른 그림이 나올 수 있다는 얘깁니다. 그건 전적으로 크리에이티브 디렉터의 책임입니다.

크리에이티브 디렉터는 도그마Dogma*, 즉 자신만의 신념이나 독단을 가져야 합니다. 그리고 그 도그마가 실제로 구현되도록 스텝들에게 디렉팅 해야 합니다. 도그마란 프로젝트를 진행 할 때 그 프로젝트를 의도한 대로 완결 짓기 위해 '최후의 순간까지 결코 양보해서는 안 되는 규칙' 입니다.

★ 본래 그리스도교의 교리를 이르는 말로 인간의 구제를 위해서 신(神)이 계시한 진리

하나의 TV광고를 만든다는 것은 시간만 짧다 뿐이지 규모면에서는 영화제작과 똑같습니다. 돌발 변수가 생길 가능성도 늘 존재합니다. 하다못해 모델의 의상에서 헤어스타일에 이르기까지 모든 상황 하나하나를 컨펌해야 하는 CD가 매 편을 진행할 때마다 골격이 될 수 있는 제작 도그마를 정해 놓지 않는다면 배가 산으로 갈 수 있습니다. 일종의 작가주의 정신이라 할까요?

어떤 카피라이터가 컨셉을 명쾌하게 잘 잡아내고 주옥같은 카피를 만들어 내지만 수줍어해서 프레젠테이션 능력이 떨어지고 개인 퍼포먼스에 익숙한 타입이라면 그는 카피라이터의 스페셜리스트로 남아야 한다고 생각해요. 김태형 선생님께서 60세가 넘도록 카피만 쓰셨듯이 각각의 능력을 최대한 발휘할 수 있도록 해야 합니다. 아트 디렉터 역시 마찬가지입니다. 그게 현실적으로 성립되기 위해서는 '광고대행

사에서 국장 쯤 되고서 크리에이티브 디렉터 못되면 물먹은 것' 이라는 분위기가 사라져야 합니다. 광고계는 좀 더 다양성과 전문성을 인정받 집단이 되어야 합니다.


## 크리에이티브 DNA, 크리에이티브 인사이트

애플사의 CEO인 스티브 잡스Stieve Jobs야말로 진정한 크리에이티브 디 렉터라 생각합니다. 그는 70년대 당시 전문가들만 취급할 수 있는 괴 물 덩어리였던 컴퓨터를 누구나 사용할 수 있는 제품으로 만들고 싶어 했습니다. 퍼스널 컴퓨터를 통해 '정보 민주주의' 를 구현하려고 했던 것이죠. 버튼 하나만으로도 손쉽게 작동할 수 있는 소니 가전제품처럼 작동이 편리한 컴퓨터를 지향했습니다. 다시 말해 컴퓨터계의 소니가 되고 싶었던 겁니다. 당시 '정보 민주주의' 란 컨셉은 시대를 앞서가는 키워드였습니다.

　그런 컨셉이 있었기에 제품개발에도 그의 관점이 투영될 수 있었 던 것이고 광고에서도 파격을 불러일으켰지요. 애플 퍼스널 컴퓨터의 출현을 알리는 런칭광고 '1984년' 편이 바로 그것입니다. 그 광고는 "1 월 24일 애플이 매킨토시를 소개합니다. 그럼 당신은 어떻게 해서 현 재의 1984년이 조지 오웰George Orwell의 소설 《1984년》처럼 되지 않을지 알게 될 것입니다"라는 도발적인 카피로 끝을 맺습니다. 지금은 영화 감독인 리들리 스콧Ridley Scott이 700만 불을 들여 만든 1분짜리 대작 광 고를 수퍼볼 결승 경기에 단 한 번 내보냈던 게릴라식 미디어전략은 스티브 잡스가 아니라면 저지를 수 없는 도발이었습니다.

그의 그러한 크리에이티브한 DNA는 아이팟i-pod 개발에도 진가를 발휘했죠. 쓰러져 가는 애플을 아이팟으로 다시 일으켜 세울 수 있었던 것은 스티브 잡스의 크리에이티브 인사이트가 있었기에 가능했다고 봅니다.

디젤의 CEO 렌조 로소Renzo Rosso도 사실 대단한 크리에이티브 디렉터입니다. 그는 광고에 대한 확고한 철학이 있습니다. 그는 '디젤은 유명한 모델을 쓰지 않는다. 유명모델을 쓰다 보면 제품보다는 모델에 시선이 가기 때문이다. 보통 많은 광고주는 유명한 이름을 통해 제품을 팔려고 한다. 하지만 디젤은 그런 마케팅을 원치 않는다. 소비자가 우리 제품을 만족해하며 구매하길 원한다. 그래서 슈퍼모델보다는 길거리에서 만날 수 있을 것 같은 사람들을 광고모델로 선호한다. 창립 25주년을 맞은 우리 디젤이 이런 마케팅 덕에 오랫동안 살아남을 수 있었던 것 같다'고 말합니다. 항상 시대를 앞서가는 새로운 컨셉을 통해 새로운 문화를 전파했다는 것이죠. 빅 모델이 등장하는 늘 써먹던 수법들이 그의 눈에 들어올 리 만무합니다. 그 결과 디젤은 기성세대의 가치관을 풍자하는 브랜드 정신을 성공적으로 포지셔닝함으로써 젊은이들의 패션 아이콘으로 확실하게 자리 잡았습니다. CEO가 크리에이티브하다면 광고는 자연히 크리에이티브해질 수밖에 없습니다.

김종원, 김찬, 박대민, 박성민, 차은택, 조원석, 김상태, 김현준, 정지환 감독, 그리고 유독 나를 애먹였던 아이슬랜드의 오거스트 발더슨은 빼고… 미국의 에릭 서리넌, 호주의 롭 헌터, 이태리의 마우로 등 함께 작업한 모든 감독들과 잘 맞았습니다. 포토그래퍼의 경우 준초이, 이전호, 최금화 이런 분들과 일을 많이 했어요. 유럽 랭킹 1,2위를 다투는 이태리의 빠올로 페라리와는 작업하면서 친구가 됐습니다. 페라리가 막 뜰 무렵부터 일을 같이 했던 터라 정이 많이 쌓였습니다. 그들은 성격이나 작업 방식은 각각 다르지만 최고를 뽑아내려는 열정만큼은 일치하는 프로들입니다.

2000~2004년까지 5년 동안 담당한 애니콜과 그 밖의 삼성전자 제품의 해외광고에 애착이 갑니다. 국내에는 소개되지 않아서 접하기 쉽지 않지만 모두 큰 프로젝트로 전 세계로 방영되었고… 그런 점에서 저는 운이 좋은 것 같아요. 인터넷폰 – 듀얼 LCD폰 – 칼라폰 – 카메라폰으로 이어지는 4년에 걸친 프로젝트가 가장 인상에 남고요, 그 중 T-100이라는 칼라폰은 그 해 애니콜 단말기 전체 매출의 25%를 차지한 성공한 광고였습니다. 다행히 IBA 광고제 위너winner와 삼성 디자인상을 수상함으로써 매출뿐 아니라 크리에이티브의 우수성도 검증받게 되어 여러 가지로 뿌듯했던 프로젝트였습니다.

또한 CNN에만 방송되었던 삼성전자 기업광고 역시 뜻 깊은 프로젝트였습니다. CNN이 뉴스 중심의 방송이다 보니 방영되는 내용들이 대개 전쟁이나 분쟁 이야기로 가득하잖아요. 자연히 시청자들의 마음은 혼란스러울 수밖에 없습니다. 제가 만든 광고의 컨셉은 "20초의 여유20 seconds time out"였습니다. 광고를 보는 20초 동안만은 분쟁의 혼란을 잊고 평화와 여유를 느껴 보라는 것이었죠. CNN이란 미디어의 특성에 맞춘 전략이었기에 더 효과적인 캠페인이었습니다.

# 기업의 운명을 바꾼 카피 하나:
# 어린이와 눈높이를 맞춥니다

이미지만으로 승부하겠다고 만든 가쓰오우동 광고는 위험을 무릅 쓰고 모험을 감행한 경우였죠. 반응이 없을 경우 호되게 질책을 받을 각오로 임한 작품이었습니다. 이전의 면류 광고와는 판이한 문법의 광고였으니까요. 다행히 인지도가 상당히 높게 나왔고 제품판매에도 큰 공을 세울 수 있어서 좋았어요. 공식적으로 그 해 CJ기업 최고의 광고로 인정받았기에 더욱 힘을 얻을 수 있었습니다.

카피 하나가 기업의 운명을 바꾼 눈높이수학 캠페인도 기억에 많이 남습니다. "어린이와 눈높이를 맞춥니다"란 카피 한 줄이 당시 대교의 기업철학이 되면서 회사명과 제품명을 눈높이로 바꾼 계기가 되었으며 덕분에 대교는 경쟁사와의 격차를 크게 벌이며 교육문화기업으로 자리 잡을 수 있게 되었습니다. 그런 광고주를 맞아 브랜드 성장에 일조했다는 것에 자부심을 느낍니다.

광고 일을 안했다면 '쓰고 가르치는 직업'을 택했을 겁니다. 재미있으면서도 메시지 전달이 강한 다큐멘터리를 만들어보고 싶어요. 맥도널드의 폐해를 알린 〈슈퍼사이즈 미Super Size Me〉 형식의 다큐멘터리 말이죠. 건축디자인도 해보고 싶고요. 건물은 어떻게 디자인하느냐에 따라 그저 공간을 차지하는 덩어리가 될 수도 있고, 사람을 모여들게 하는 작품이 될 수도 있죠. 스페인의 폐촌이나 다름없던 빌바오시市가 구겐하임박물관 하나를 기획 제작해서 관광명소로 거듭난 것을 보면서 건축이 가진 힘을 느꼈어요. 세계적인 건축가 르 꼬르뷔지에가 디자인한 프랑스의 롱성ronchamp 성당을 보고 절로 무릎을 꿇게 됐고요.
제가 욕심이 많은가요?

을

의
점
라

묘하게도 읽은 책들이 차곡차곡 쌓여 크리에이티브에 도움이 되고 있습니다.

각
지
아

그런 생각을 하기까지 제게 도움이 된 것은 공교롭게도 먹이사슬과 같은 책 사슬이었습니다.

생
꼭
찾

'널리 사랑을 즐겁게 하라'는 명분을 가지고 광고를 만듭니다.

**Park Sung Jun**

● 현대카드W ● 파리바게뜨 ● 박카스 ● SK텔레콤 ● 016 KT프리텔 ● 모닝케어 ● 현대카드 퍼플

# 아버지는 말 하셨지, 인생을 즐겨라

이 책의 두 번째 인터뷰 대상자로 가장 성실하게 자료를 제공해 주었던 박성준 국장. 유니폼만 입으면 바로 SK와이번즈에서 포수 마스크를 쓰고 앉아도 전혀 이상하지 않을 것 같은 당당한 체격에 준수한 외모. 그가 바로 '인생을 즐기며' 광고를 만드는 크리에이티브 디렉터, 박성준이었다.

그는 광고계에서 가장 무서운 아이들이 동시다발로 배출되었다는 홍익대 시각디자인학과 88학번 중의 한명이다. 당시 광고인이라면 누구나 한번쯤 비슷한 경험을 해 봤을 것이다. 대홍기획에 입사해서 광고 일을 하던 때 광고대행사에 대한 이해가 없는 부모님께서 아들이 롯데에 다닌다고 하시더란다. 한참을 같이 웃던 필자에게도 똑같은 경험이 있었다. 87년 광고대행사 코래드에 입사했던 필자 역시 어머님께서 주변 친지들에게 아들이 해태에 다닌다고 말씀하시던 기억이 나서였다. 그 때에 비해 지금은 광고인이나 광고 일에 대한 이해가 높아진 것이 무척 다행스럽다.

박성준 국장의 대표작은 아무래도 2005년 수많은 사람들을 경악하게 했던 현대카드W 광고인 것 같다. 마치 잡지광고와 같은 레이아웃을 유지하며 선남선녀들이 별 생각 없이 인생을 즐기는 모습을 가감 없이 보여주었는데. 몇 가지 장치가 이 광고를 다른 차원의 광고로 격상하도록 만들었다.

아버지는 말 하셨지 인생을 즐겨라
웃으면서 사는 인생 자 시작이다

오늘밤도 누구보다 크게 웃는다

웃으면서 살기에도 인생은 짧다

앞에 있는 여러분들 일어나세요

아버지는 말하셨지 그걸 가져라

Player's Licence W

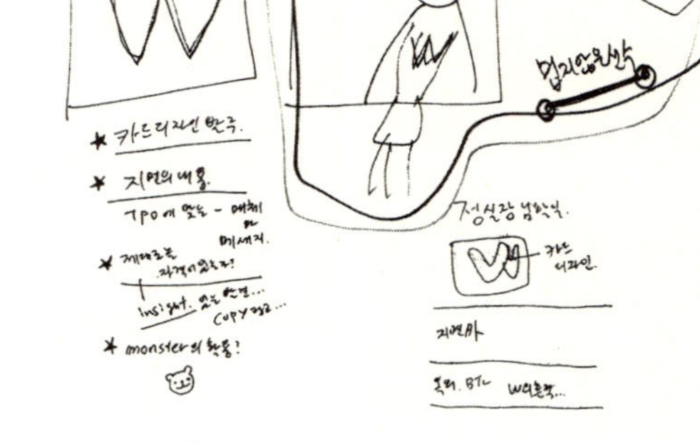

이 CM송이 방송되면서 선호도는 걷잡을 수 없이 높이 치솟았다. 보기 불편한 반복 편집임에도 불구하고 새로움이 느껴졌으며 마지막의 한마디 "플레이어스 라이센스 W"가 아주 의미심장했다. 더구나 가족 편과 극장용 광고를 보게 되면 점입가경을 느낄 수 있는데 대 놓고 칭찬을 들을 수는 없는 별종의 언더그라운드 크리에이티브였다. 선수들의 라이센스, 즉 노는 선수들은 이 라이센스가 필요하다는 메시지는 젊은 층의 카드가입을 부추겼다. 우습게도 필자 역시 일부러 가입문의를 해서 그 카드를 장만했었다. 선수이고 싶은 마음에, 전혀 선수도 아니지만.

그는 서로 별 상관이 없을것 같은 책들을 번갈아 읽으며 그것들의 입체적 연계를 만들어 내고 자신의 생각을 정리하고 있었다. 무척 흥미로웠던 것은 "게오게오게오 수밤아추사르바자탐"이란 말을 좋아한다던 이야기였다. 그것은 티베트사람들이 아침마다 히말라야 산에다 대고 외치며 하루를 시작하는 말이라고 한다. '세상 모든 것이 오늘도 행복하길' 이라는 뜻이라는데 따라 해보고 싶은 마음이 불끈 솟았다. 물론 일찍 일어나면 그때나 가능하겠지만.

박성준 CD가 집행했던 광고 중에 누구나 기억할 만한 광고가 또 있다. 016 KT프리텔 통신광고로 스타크래프트 게임 캐릭터들이 느닷없이 등장하던 그것. 박성준 CD가 스타크래프트에 빠져 지내던 시절에 젊은 타깃들과의 의사소통에 가장 강력한 신호로 작용할 심볼들을 광고에 삽입한 것이라고 한다. 주인공 등 뒤로 거대하게 솟아오르던 테란과 배경음악이 다시 떠오르는 듯하다. 주로 정보통신 분야의 광고들을 많이 만든 박 국장은 기억에 남는 광고로 017 신세기통신 광고 중 전지현과 장혁을 모델로 두 편을 동시에 운행했던 친구 편을 꼽았다. 그리고 당시 메모장과 손바닥에 쓴 번호를 광고 중에 노출시켜서 전화를 걸게 만든 후 모델들의 목소리를 들려주고 통신요금을 받았던, 지금은 너무나 흔한 방법이지만 당시로는 획기적이었던 이벤트 사례를 들려주었다. 그는 항상 새로운 것에 도전하고 새로운 것을 만들어내는 재주가 있는 것 같다.

최근 그의 히트작은 SK텔레콤의 2005년 9월 기업광고로 흑백으로 집행되었던 "왜 넘어진 아이는 일으켜 세우십니까?"이다. 이 광고는 박웅현 CD와 함께 진행한 작품으로 유명 모델이나 화려한 테크닉도 없는 단순한 광고이지만 상황과 카피가 절묘하게 맞아 들어가며 기업광고의 위용을 당당히 자랑하던 광고였다.

왜 날아가는 풍선은 잡아 주십니까?

왜 흩어진 과일은 주워 주십니까?

왜 가던 길은 돌아가십니까?

사람 안에는 사람이 있습니다

사람을 향합니다. 대한민국을 새롭게 하는 힘 SK텔레콤

광고가 그의 최종 목적지는 아니라고 확실하게 밝히는 박성준 국장의 꿈은 무엇일까? 훌륭한, 혹은 완전히 새로운 영화감독이 되는 것이라 했다. 대학교 동기동창인 박광현 감독이 영화 〈웰컴투 동막골〉로 일약 스타 감독의 대열에 서는 것을 보고 많은 자극을 받지 않았을까. 그의 팀원들은 이구동성으로 박성준 국장의 지치지 않는 에너지에 대해 감탄과 감동을 표하고 있었다. 팀원들보다도 더 빨리 나와서 하루를 준비하고, 종일 회의하고, 촬영장에 갔다가 편집실에서 밤을 새우고, 사이사이에 운동도 하고 술도 한잔 걸치지만 다음날 아침에는 언제 그랬냐는 듯 새벽부터 책상을 지키고 있는 모습에 모두들 그를 '슈퍼파워' 라고 부른다고도 했다.

그의 책상은 아주 재미난 것들로 가득 차 있었다. 시간 날 때마다 그린 기묘한 그림들과 팀원들의 사기 진작을 위해 때때로 직접 만들어 준다는 상장들. 생각 날 때마다 적어놓는 수많은 메모들, 그리고 귀여운 딸아이가 쓴 완전 자유로운 철자법의 '아빠 사랑해요' 편지 등 정신없이 복잡하게 꾸며져 있었다. 그 속에서 크리에이터 박성준은 흩어진 생각을 하나하나 정리해나가는 멋진 크리에이티브로 소비자들을 깜짝 놀래키고 있다.

자동차 광고에도 도전해보고 싶다는 박성준 국장. 자동차는 대부분의 광고 제작자들이 다들 한번쯤 해 보고 싶어 하는 품목이다. 아마도 가장 큰 예산으로 집행되고 수많은 노출로 자신의 크리에이티브를 확실히 평가 받을 수 있기 때문이 아닐까? 박성준 국장이 자동차 브랜드를 맡게 되면 그 동안 흔히 보던 식의 광고는 절대 하지 않을 것이다. 이 차를 타면 얼마나 즐거울 수 있는지를 보여주는 크리에이티브로 사람들을 행복하게 만들지 않을까 싶다.

자신감이 넘쳐나는 박성준 CD는 최근 "당신은 보라색을 감당할 수 있겠는가?"라며 현대카드 퍼플로 또한번 소비자에게 시비를 걸고 있다. 자세히 보면 '입회비 30만원을 감당할 수 있겠는가?' 하고 묻는 것 같지만 하도 당당

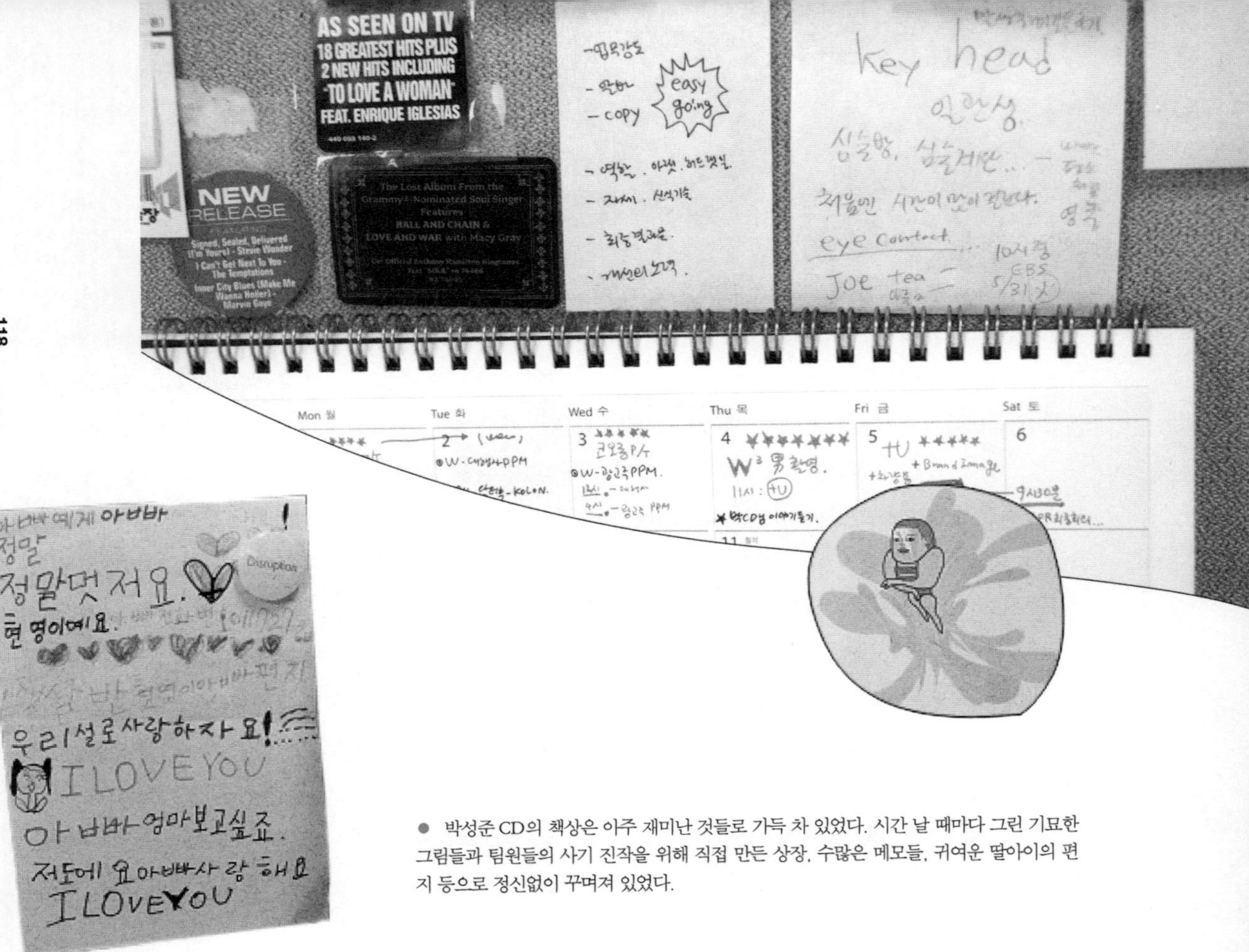



● 박성준 CD의 책상은 아주 재미난 것들로 가득 차 있었다. 시간 날 때마다 그린 기묘한 그림들과 팀원들의 사기 진작을 위해 직접 만든 상장, 수많은 메모들, 귀여운 딸아이의 편지 등으로 정신없이 꾸며져 있었다.

하게 들이대니 움찔해 질 수 밖에 없다. 역시 '박성준 다운' 도발적 발상이다. 금자 씨가 누구에게나 친절했던 이유가 결국 '복수' 라는 하나의 목적을 이루기 위함이었듯이 그도 애니메이션을 해봤으면 다음엔 다큐 스타일, 그리고 그 다음에는 또 다른 것에 도전하며 습작을 한다고 했다. 왠지 결국에는 영화를 만들어 사람들을 깜짝 놀라게 할 것 같다.

## 혼자만의 공간에서 후두엽을 압박하라

광고 일은 대홍기획에서 시작했어요. 그리고 3년 후 제일기획으로 옮겼고, 그곳에서 윤수영이라는 어마어마한 크리에이티브 디렉터를 만났죠. 그리고 둘이 나와서 Cats & Dogs라는 회사를 차렸습니다. 근데 그때 경기가 너무 안 좋아서 경쟁PT를 따와도 다들 광고를 안 하는 거예요. 그래서 1년 만에 TBWA로 들어왔죠.

아이디어 구상이요? 혼자만 있는 곳이면 어디든 좋아요. 광고주한테 오리엔테이션을 받고 나면 제 뇌의 후두엽이 작동하기 시작하는 것 같아요. 생각은 계속 돌아가요. 생각의 꼭지점이 있잖아요. 그렇게 계속 생각하다 보면 3~4일 안에 뭔가 나와요. 제가 가장 좋은 아이디어를 얻는 건 주말에 회사에 혼자 나와 있을 때지요. 주말이라 가족들한테 원망을 많이 듣긴 하지만….

우리나라에서 광고를 만드는 작업은 습작만하다 끝나는 것 같아요. 브라질에서 정말 좋아하는 크리에이티브 디렉터를 만났는데 4~6개월에 하나씩 작업을 하더라고요. 그런데 우리는 보름이면 작업 하나가 끝나잖아요. 저는 솔직히 저 끝을 위해 여러 가지 습작을 하고 있다고 생각해요. 건축처럼 최고의 종합예술을 향해서요. 이번에 현대카드 W 광고하면서 처음으로 방송 불가 판정을 받아봤는데요. 이런 환경에서는 습작밖에 못해요. 만약에 우리도 공감각적으로 할 수만 있다면 저 역시 광고가 더 좋죠.

크리에이티브 디렉터마다 꼭지점이 다 다르잖아요. 카피 출신은 카피에 강하시고, 아트 출신은 디자인에 강하시고, 또 어떤 분은 기획

력에 강하시잖아구요. 그런데 윤수영 CD는 카피, 디자인 할 것 없이 새로운 광고화법을 만들어내세요. 백윤식 씨가 "사실 우리 때는 인성이 얼굴은 얼굴로도 안쳤지. 그게 어디 얼굴이야!"하는 에센스 마스크 광고나, 최근 "고이접어 폴더래라"하는 싸이언 아이디어 캠페인을 보고는 직접 제작하신 한승민 본부장님께 바로 연락해서 솔직히 말했어요. "형님, 90초 광고를 보고나니 광고를 접어야겠다는 생각이 듭니다"라고. 너무 좋은 거 같아요. 편집도 좋고 세련되고. 그리고 특히 싸이언 스포츠카폰 편에서 〈도그빌〉 영화에서처럼 스페이스만 분필로 그어서 표현한 것. 정말 멋있지요? 아이디어가 너무 부러웠습니다.

## 널리 사람을 즐겁게 하라, 弘興人間

전에는 명분 없이 맹목적으로 일을 했던 것 같아요. 그런데 일하다 잠깐 미국에 갔다가 돌아온 후에는 명분이 생겼어요. 그게 바로 '행복' 입니다. 홍익인간이 '널리 사람을 이롭게 하라' 라면 저는 '널리 사람을 즐겁게 하라' 는 명분을 가지고 광고를 만듭니다. 그런 생각을 하기까지 저에게 도움이 된 것은 먹이사슬 같은 책 사슬이었습니다. 묘하게도 읽은 책들이 차곡차곡 쌓여 크리에이티브에 도움이 되더군요. 회사에 사표를 내고 잡았던 책이 4번째로 읽기 시작한 《삼국지》였고, 지어 스님의 《차 이야기》를 읽고는 정신적으로 뭔가 정리가 되었어요. 그리고 《법구경》, 파드마삼바바가 쓴 《티벳사자의 서 Thetibetan book of the bead》를 읽었는데 정신세계가 정말 많이 치유되었지요. 광고도 공감각이 되려면 향, 본체 그리고 사람들이 느껴야 하는데 그런 관점에서 정신적으로 다가갈수록 좋습니다. 그런 책은 정신치유에도 좋고, 아이디어를 내는데도 도움이 되죠.

차은택 감독님과의 작업이 좋아요. 저와 잘 맞아요. 전에는 김규한 감독님. 너무 소통이 잘 돼서 욕을 하시죠. 제게 대선배님이시거든요. 김규한 감독님 유럽 가셨을 때, 저도 그 당시에 너무 힘들어서 회사에 사표를 낸 적이 있어요. 대표님께 일이 너무 많아서 못하겠다고 말씀 드렸습니다. 대표님께서 "한번만 긍정의 힘을 믿어보자"고 하셨는데도 "모르겠습니다"하고 무단으로 안 나갔거든요. 그렇게 미국을 갔어요. 그런데 닷새쯤 있다보니까 손이 떨리면서 일이 너무 하고 싶더라고요. 그래서 "한 달 만 있다 가겠습니다"하고는 돌아와서 김규한 감독과 컴백작품으로 찍은 것이 SK텔레콤의 투모로우 팩토리였어요. 포토그래퍼는 강영호 실장이랑 정말 잘 맞아요. 거의 5년 정도 일했는데 참 잘 맞고요. 김종원 감독님은 정말 존경해요. 정말 대단하신 분이시죠.

작업할 때는 정신없지만 꼼꼼히 챙기려고 노력해요. 현장은 물론 편집, NTC*까지 다 보죠. 수석 크리에이티브 디렉터님들이야 안 그러셔도 되지만, 저 같은 경우는 그렇게라도 다 챙겨야 그나마 습작이 안 되고 제가 원하는 퀄리티가 나옵니다. 제가 광고주와 프로덕션 사이에 있는 사람이니까 그 중간 역할을 원활하게 해줘야 하거든요. 잘 조합해서 감독하는 게 중요한 것 같아요. 일일이 다 챙기고 꼼꼼하게 굴고, 어찌 보면 소심해 보일 수도 있지만 이쩔 수 없어요.

★Negative Tele-Cinema 필름으로 촬영한 원본을 편집을 위해 비디오나 디지털화 하는 작업

# One Source, Multiuse

영화랑 음악은 보고 듣기도 많이 하지만 꼭 만들어 보고 싶은 장르에요. 현대카드W 광고에 나오는 음악도 제가 어렸을 때부터 들은 노래거든요. 갑자기 5초 정도 그 음률이 머릿속을 스쳐 지나가더라고요. 그래서 카피라이터를 불렀죠. 가사 좀 써보자고. 저희 팀에 민재영이라는 뛰어난 카피라이터가 있거든요. 원래 가사는 '노는 게 남는 거다. 오늘밤도 누구보다 불태워본다. 자격 없는 사람들은 구경이나 해' 였거든요? 바로 방송불가 판정 먹었죠.

이 노래들이 벨소리랑 컬러링 서비스로 판매되어서 관련된 모든 라이센스를 현대카드로 넘겼어요. 광고는 돈을 내고 하는 건데 컬러링 때문에 제작비랑 일부 매체비를 벌 수 있게 되는 거지요. 예를 들면 Top10안에 드는 컬러링은 약 10억 원을 벌 수 있어요. 제가 하는 일에서 긍정적인 새로운 형식이 나오는 것 같아서 참 좋더군요.

아직도 누가 "박 CD님"이라고 부르면 그렇게 낯설 수가 없어요. 사실 크리에이티브 디렉터라고 불릴 사람들은 따로 있어요. 저는 아직도 제가 주니어 크리에이티브 디렉터라고 생각해요. 저는 주니어 크리에이티브 디렉터가 많아지는 게 좋은 것 같습니다. 크리에이티브 디렉터는 일단 광고홍행을 전적으로 책임져야 한다고 생각합니다. 그래서 스트레스나 부담도 많이 갖는 편입니다. 그리고 전 아직 다양한 제품군을 제작해보지 못했다는 점에서 많이 부족하다고 생각해요. 지금까지 거의 정보통신 분야만 다뤄왔죠. 보이지도 않고 잡히지도 않는 제품들만 해왔는데 가장 많이 했어도 아직 어려워요.

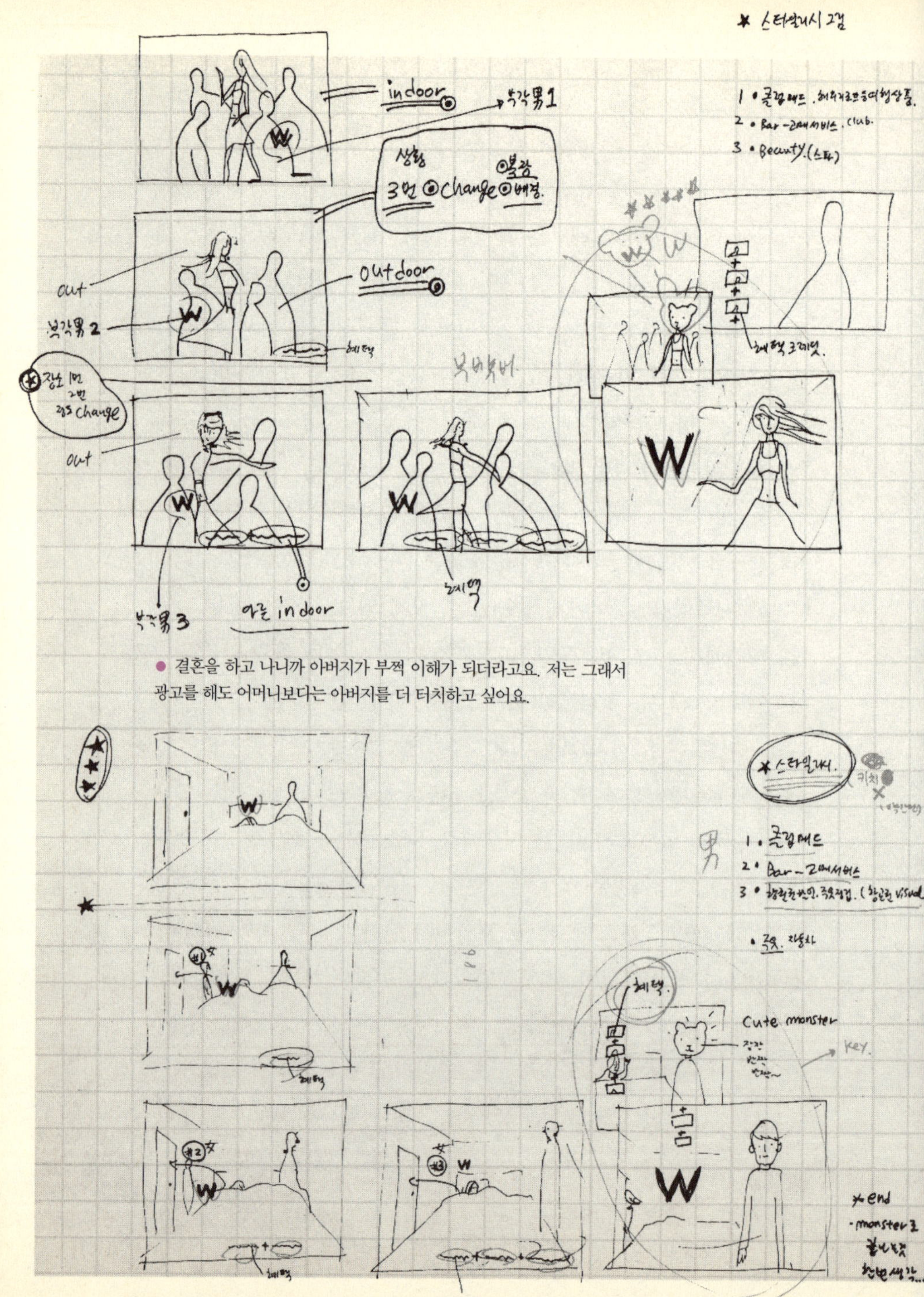


● 결혼을 하고 나니까 아버지가 부쩍 이해가 되더라고요. 저는 그래서 광고를 해도 어머니보다는 아버지를 더 터치하고 싶어요.

# 배우고 느끼는 작업을 즐기다

현대카드 정태영 대표님은 정말 잊을 수 없는 광고주예요. 천재적이시고 나이스 하신 분. 웬만한 크리에이티브 디렉터보다 더 잘하세요. 한 그룹의 대표로서 생각할게 정말 많을 텐데도 불구하고 그 정도의 인사이트를 발휘하신다는 게 소름 끼칠 정도예요. 위트까지 있으시고 대단히 파워풀한 디렉터시죠. 현대카드W 프레젠테이션 때 너무 기분이 좋았어요. 정 대표님께서 보시더니 "안 묘한데?"라고 말씀하시는 거예요. 제가 깜짝 놀라서 "정말 저게 묘하지 않으십니까?"라고 여쭈어 보았더니 정 대표님께서 하시는 말씀이 "아니, 안案이 묘하다고" 라고 하시더라고요. 저희가 그때 촬영이랑 녹음을 다해서 갔었거든요. 그래서 바로 시안을 틀어드렸어요. 그랬더니 일어나셔서 폴카 리듬에 맞춰 춤을 추시는 거예요. 그때 느낌이 확 왔죠. 5시에 바로 연락이 왔어요. 그 해 중 가장 기억에 남는 PT였습니다. 그리고 SK텔레콤 마케팅커뮤니케이션 팀에 계신 윤재용 셀장님. 그분께서는 엄청난 공력을 가지고 계세요. 층층시하잖아요. 팀장님, 본부장님, 부사장님, 사장님… 계속 올라가면서도 대행사랑 파트너십의 일관성을 유지하시는 분입니다.

2005년 4월부터 지금까지 4개월간 광고를 20개 넘게 찍고 있는데 이제는 일이 정말 즐거워요. 투모로우 팩토리 광고모델이었던 형진이가 저에게 선물로 준거 같아요. 호주에 가서 촬영을 했었는데 전 스텝이 형진이와 어머니를 위해 항상 웃으면서 일했어요. 그 때 '일이 이렇게 행복할 수도 있구나' 하고 느꼈습니다. 촬영 끝나고 공항으로 모셔드리는 차 안에서 형진이 어머니께서 "우리 아들이 효자다. 형진이 때문에 호강도 하고, 좋은 음식도 먹고 해외도 다 와보고. 네가 정말 효자다"라고 말씀하시는데 정말 소름이 끼치더라고요. 사실 그 동안 얼마나 힘드셨겠습니까. 그렇게 좋아하시는 모습을 보니 일을 한 것이 아니라, 저희가 오히려 무언가를 배우고 얻은 느낌이랄까. 그리고 나서부터는 일을 재미있게 즐기면서 하고 있습니다.

저는 아버지와 성격이 정말 많이 닮았어요. 영향을 많이 받기도 했고요. 아버지와 단 둘이서만 티베트에서 산악트래킹을 해보고 싶어요. 아버지께서 신문사 기자셨는데 퇴직 후 안성에서 배 농장을 하고 계세요. 농사라고는 지어보신 적이 없으셨는데, 아주 잘하고 계세요. 지난 3월에 아버지께서 저희 집에 오셨을 때 "아버지 저 검도 시작했어요"라고 말씀드렸어요. 그랬더니 지난달에 갑자기 전화하셔서 '80만원만 보내라, 나 호구 사야 된다"라고 멋쩍게 말씀하시는 거예요. 역시 너무 쿨 하시고 멋지세요. 당장 칼 사드리고, 옷 사드리고 그랬죠. 제가 현대카드W 광고에 '아버지는 말하셨지' 노래를 삽입한 것도 다 연관이 있어요. 제가 예전에는 정말 속도 많이 썩이고 말도 안 들었었는데 결혼을 하고 나니까 아버지가 부쩍 이해가 되더라고요. 그래서인지 광고를 해도 어머니보다는 아버지를 더 터치하고 싶어요.


## 다 같이 힘을 풀고, Relax!

해외광고와 우리 것의 차이점은 '저변底邊'인 것 같아요. 우리는 광고를 이해하는 저변이 깔려있지 않습니다. 그저 광고를 '선전'이라고 생각하는 거죠. 광고를 보는 자세가 SBS의 〈웃찾사〉를 보는 느낌이랄까? '그래, 너 저번 주에 웃겼지? 이번 주에도 한번 웃겨봐' 하고 팔짱을 끼고 노려보는 듯한. 그래서 힘든 것 같아요.

'광고회사는 어떻게 들어오면 되냐' 고 묻는 사람들, 많지요. TBWA를 예로 들자면 아르바이트생을 뽑아서 그 중에서 인턴을 뽑고, 다시 그 중에서 신입사원을 뽑거든요. 이게 합리적인 시스템인 것 같습니다. 아직 대부분의 대행사들이 제일기획처럼 시스템화 되어 있지 않으니까 약간의 열린 틈만 발견된다면 바로 시도해 보는 것도 좋을 것 같네요. 그런데 저는 제일 화나는 게 광고주 자재분들 그냥 들어오는 것입니다. 저도 없이 살아서 그런가 대놓고 막말해요. 그리고 TBWA는 '주니어 보드' 라는 게 있어서 프로젝트마다 메이저와 마이너가 같이 진행하거든요. 그런 걸 지원해보는 것도 좋을 것 같군요.

승결1집

세상에 많은 명품들이 있고 광고에도 명품 아이디어가 있습니다.

패정%중

보통 명품 아이디어가 있는데

를짓에하

적당한 선에서 타협하고 아이디어를 정리할 수는 없습니다.

는라

Yang Jun Ho

스카이 ● SK주유소 ● 동아닷컴 ● 멜론 ● 삼성 케녹스 ● 캐논 익서스 티타늄

## 후속편이 기대되는 광고를 만들다

전화로 인터뷰 약속을 잡을 때는 잘 몰랐는데 만나보니 어찌나 젊고 멋진 청년이던지 깜짝 놀랐다. 더 놀랐던 것은 그렇게 젊어 보이는 청년의 크리에이티브 철학이 암팡지게도 심오하다는 점이다. 대학생들에게 가장 인기있는 스카이 광고를 책임지고 있는 크리에이티브 디렉터이자 SK주유소의 빨간 모자 신화를 만든 주인공, 양준호 부장. 광고계 경력도 만만치 않다. 인턴을 거쳐 입문한 제일기획에서 광고 일을 시작했고 몇몇 사람들과 의기투합하여 만든 기획 전문 회사인 브랜드위원회를 거쳐 현재의 TBWA까지 항상 최고의 아이디어를 만들기 위해 최선을 다하는 양준호 부장은 안타깝게도 아직 미혼이다.

그의 이야기 중 필자에게 가장 큰 공명을 준 부분은 '세상에 많은 명품들이 있고 광고에도 분명 명품 아이디어가 있는데 그 전에 적당한 선에서 타협하고 아이디어를 정리하기 싫다'는 것이다. 이 말을 크리에이티브에 목마른 독자들에게 꼭 들려주고 싶었다. 특히 요즘 TV를 점령하다시피 하는 개그맨들의 개인기나 유행어에 의존하는 인스턴트 광고들을 보며 광고 크리에이티브에 대한 자신의 기준을 아직 정확히 세우지 못한 학생들과 만족하지도 못하는 시간에 쫓겨 기획안을 제출하는 대한민국의 수많은 기획자들에게 양준호식의 철저함을 배울 것을 권하고 싶다.

언젠가 가수 DJ. DOC가 나오는 광고를 본적이 있다. 이국적인 영상의 동아닷컴 런칭광고였는데, 그 형식이나 표현 모두 우리에겐 익숙하지 않은 스타일이었다. 사실 당시 광고수준과는 큰 차이가 나는 초감각적인 것이어서, 요즘의 광고들과 비교해도 절대 뒤지지 않을 세련된 광고였다. 그때 이 광고를 만든 사람이 무척 궁금했는데 내가 바로 그 사람과 이야기를 하고 있다니.

양준호 부장을 이야기할 때 스카이 광고를 빼 놓을 수 없을 것이다. 젊은 층, 특히 대학생들이 마치 흥행 영화 속편을 기다리듯 기다리고 또 기다리는 광고가 있다면 그건 바로 스카이 TV-CF이다. 언제나 상상을 초래하는 새로운 시도로 집행되자마자 선호도가 최고로 치솟고 탤런트나 개그맨들의 패러디로 이어지며 다음 광고를 기다리는 것이 마치 흥행 감독의 흥행 영화 시리즈와 비슷한 것 같다. 스카이 광고의 최대 강점 중 하나는 단 한 번도 유명 모델을 사용하지 않는다는 것이다. 절대 유명 탤런트나 가수의 인기에 편승하지 않고 아이디어와 크리에이티브 파워 하나로 승부를 걸겠다는 제작진과 양준호 CD의 의지가 돋보인다. 최근 광고부터 거슬러 가며 살펴보면 맷돌춤으로 재미와 인기를 독차지 했던 와이드 PMP폰이 2006년 1월말 집행되자마자 인기와 선호도가 바로 수직 상승한 바 있다.

넓게 놀아라
플레이가 달라진다
스카이 와이드 PMP폰

카피는 간단하지만 정말 재미난 볼거리로 단숨에 선호도 상위를 점령했다. '역시 스카이' 라는 찬사가 이어졌고 TV의 각종 오락프로그램에서 출연자들이 이 춤을 추며 '동충하초 동충하초' 하고 노래가사를 따라하느라 그 인기는 마냥 높아만 갔다. 특히, 2005년 9월말에 집행됐던 3D 사운드폰은 스카이 광고 중에서 가장 논란이 많아서 광고 평론가들의 뜨거운 시선 속에서 어렵게 운행되었다. 동성애 표현이라고 생각될 정도의 노골적인 영상에 음악이 개입될 때와 그렇지 않을 때를 비교하며 스카이 3D폰의 성능을 제시한 광고였다. 그러나 정작 화제가 된 것은 제품의 성능보다는 과연 한국광고에도 동성애 코드가 용인되는지, 혹은 문화를 선도하는 광고가 동성애를 유도하는 것인지가 주목받았다. 정작 광고가 말하고자하는 제품은 사람들의 뇌리에서 사라져 버린 것이 사실이다. 이 광고 역시 여러 프로그램에서 열심히 패러디되었고 BGM★도 유명세를 탔다. 2005년 8월 집행된 스카이 휠타입도 색 다르게 보였지만 렐러번스★를 찾아내기가 쉽지 않아서 다른 시리즈에 비해 공감이나 선호도를 얻지는 못했다. 같은 해 5월에 집행된 게임폰 광고는 양준호 부장도 무척 좋아하는 것이라고 밝힌 작품이다. 버스 안에서 게임폰을 끄집어내면 가방 속에서 K-1이나 프라이드와 같은 이종격투기 선수들이 줄줄이 나오고 그들은 좁은 버스 안에서 시합을 벌인다. 코믹한 형태로 발을 헛 차서 손잡이에 부딪힌 선수가 발을 부여잡고 깡충거릴때 나오는 음악이 바로 '쿠쿠르 쿠쿠 팔로마' 였다. 이 음악은 원곡도 올드팬들에겐 최고의 사랑을 받았지만 스페인의 천재감독 페드로 알모드바르의 2003년 개봉작 〈그녀에게〉에 삽입되어 더 많은 사랑을 받았다. 광고에서는 선수가 발이 아파 깡충거릴 때 '아이야야 야야' 하는 부분이 절묘하게 편집되었다. 이런 것을 두고 '바늘 끝 감각' 이라고 하리라.

★ Back Ground Music 광고배경음악
★ 광고와 제품과의 적절성, 관련성

그 이전 스카이 광고들은 TBWA의 조익명 국장의 책임 하에 진행되던 것이고 주로 양준호부장은 아트 디렉터로 작품에 참가하고 있었는데 하나 흥미로운 것은 호주에서 촬영된 히치하이킹 편 "선명하게 보라"이다. 광고대행사 자체 제작으로 양준호 CD의 뛰어난 연출력과 편집 감각을 보여준 작품이다.

스카이 시리즈가 재미있고 화제 만발하는 것은 분명 인정할 수밖에 없지만 광고 선호도에 비해 낮은 개별 브랜드의 인지도를 보면 제품 기능이 화려한 아이디어에 함몰되는 것이 아닌가 하고 걱정스럽기도 하다. 물론 그들은 인쇄광고에서 보충하고 있다고 말한다. 하지만 몇몇 평론가들의 지적처럼 개별 브랜드 판매의 성과를 높이는 파워가 가미된다면 완벽하게 성공적인 광고가 될 수 있을 것이다.

양준호 부장은 홍익대학교에서 시각디자인을 전공했다. 그 역시 다른 이들처럼 제대하고 무엇을 해야 할지 막막하기만 했다. 군대 가기 전에 깐느 광고 테이프를 많이 보면서 '광고가 내 길이다, 이걸 해야겠다' 라고 생각한 것은 아니었지만 그래도 광고는 재미있고 가치가 있는 일이라고 생각했다. 절친한 친구가 제일기획에서 여름 인턴사원을 뽑는데 같이 응시하자고 권유했고, 엉겁결에 따라가 시험을 쳤다. 그리고 운 좋게 합격한 것이 그의 광고입문 계기였다.

# 기계가 하는 것을 사람이 왜 못해?

사람들은 기계가 하는 일을 사람이 대신해서 보여주면 좋아하더군요. 스카이 슬라이드폰 광고도 사실 기계로 슬라이드가 된다는 것을 보여줬다면 임팩트가 없었을 겁니다. 그걸 사람이 직접 하니 느낌이 다르게 오는 거예요. 그렇게 사람들 행동을 관찰하면서 인사이트를 발견할 때가 종종 있어요. 김아중이 나오는 스카이 광고도 '여자 친구가 손만 대도 노래해주면 얼마나 좋을까?' 하는 생각을 하다가 나온 아이디어였어요. 일명 옆구리걸 조그셔틀 편은 손가락으로 콕 찌르기만 해도 노래가 척척 바뀌는 핸드폰이었는데 마침 바뀌는 노래마다 재미있고 느낌이 좋아서 BGM에 대한 문의가 쇄도했었죠. 스카이 휠타입도 기계가 하는 것을 사람이 직접 하는 시리즈였어요. 그 전에 집행된 터치 스크린 위성 DMB폰도 "손대면 드라마가 시작된다"라는 카피에 기계의 역할을 사람이 보여주는 크리에이티브가 펼쳤어요. 손만 대면 볼 수 있다는 터치 스크린폰의 기능에 적합한 크리에이티브를 찾으려고 했어요.

2005년 11월에 집행되었던 모바일 콘텐츠 멜론 광고는 비보이들의 배틀을 배경으로 했죠. 마지막까지 화려한 브레이킹 댄스를 보이는 챔피언의 옆구리에는 해드폰 잭이 꽂혀 있는 멜론이 걸려있어요. 마지막에 떠오르는 '무제한 다운로드 멜론' 자막이 왜 이런 격렬한 콘테스트가 벌어지는지 설명해 주죠.

제일기획 인턴을 마치면서 이 일이 너무 재미있다는 생각을 했어요. 일하는 게 너무 행복했어요. 그렇게 인턴을 마치고 공채를 거쳐서 제일기획에 들어갔습니다. 그런데 막상 처음 들어간 제일기획 제작 1팀에는 당시의 핫코드를 쓸 수 없는 광고주가 많은 거예요. 처음에는 변두리에 온 것 같은 느낌이 든 게 사실입니다. 그래도 저희 팀 광고주로 삼성 케녹스가 있었는데 그건 정말 재미있더라고요. 어떻게든 한번 내 아이디어로 광고를 내보내야겠다는 욕심이 생겼습니다. 선배님들께는 건방져 보일 수도 있었겠지요. 어쨌든 저는 섬 네일thumb nail*도 남들 2~3장 해갈 때 30~40장씩 해갔습니다.

광고 아이디어 초안 ★

제 첫 아이데이션은 캐치원 케이블 광고였어요. 사실 잡지 한 면에 나오는 아주 작은 광고였지만, 정말 열심히 했어요. 영화 필름을 눈 모양으로 만들었고 작품에 카피를 써야 잘 팔린다는 생각에 "감동을 보는 눈이 다르다"란 카피도 썼고요. 그때 그 시안은 정말 깨끗하게 팔렸어요. 그런데 막상 집행된 걸 보니까 또 느낌이 많이 달랐어요. 완성도도 많이 떨어져 있었고, 카피도 제 것과는 다르게 "영화를 보는 눈이 다르다"라고 변경 되어 있었어요. 너무 원론적인 느낌도 들고 괜히 섭섭하더라고요. 처음 광고를 만들 당시 정말 피부로 배운 세 가지가 있습니다. 아무리 매체가 적고, 작게 나가더라도 한번 보고 기억에 남을 만큼 광고가 강력하다면 매번 나오는 것보다도 더 인상적일 수 있다는 것입니다. 그래서 첫째, 내 아이디어를 알리고 싶다면 인상 깊게 만들자는 것. 두 번째는 완성도를 높여야 한다는 것. 아이디어가 아무리 좋더라도 카피와 비주얼의 완성도가 떨어진다면 강력하게 어필할 수 없거든요. 세 번째는 프레젠테이션이 중요하다는 것. 제 생각에 PT는 가장 중요한 고비인 것 같아요. 고비를 넘겨야 완성도를 높일 수 있으니까요. 돌아보면, 제가 많이 건방졌던 것 같아요.

제일기획 시절 저희 팀장님은 아이디어를 가장 중요하게 생각하시는 분이었어요. 아이디어가 나올 때까지 회의를 계속 진행 시키셨죠. 그때 같이 회의하던 사람들이 한두 명씩 쓰러지고, 나가서 술 먹고 들어올 때 저는 '그래 한 번 끝까지 해보자. 어차피 팀장님께서도 앉아 계시니까 다른 사람들은 지루해서 나가더라도 나는 죽을 때까지 아이디어를 한번 내보자' 는 각오로 했어요. 그때 사람들은 저한테 독한 놈이라고 말도 많았지만, 결국 팀장님은 '저놈은 죽을 때까지라도 해서 아이디어를 내는 놈이구나' 하는 생각에 저를 신임했던 것 같습니다. 그때 이 정도면 되겠다 싶어도 항상 "뭐 더 없나? 왜 그 있잖아" 하시면서 우리도 깐느 수준까지 가보자고 하셨거든요. 저는 그 말씀에 대단히 공감했어요. 광고에도 분명히 명품이 있어요. 그걸 알면서도 어느 정도에서 적당히 만족할 수는 없다고 생각했습니다.

삼성건설의 동시분양 광고가 기억에 남네요. IMF 이후 첫 광고였고, 상당한 규모의 프로젝트였어요. 팀 전원이 매달렸지만 그다지 흥미로운 프로젝트는 아니었죠. 팀장님이 건설 광고지만 건설 광고답지 않게 한번 해보자고 하셨고 제가 내 놓은 '다섯 개의 태양' 이라는 컨셉이 채택되었어요. 그리고 "서울에 다섯 개의 태양이 뜹니다"라는 카피가 결정되었습니다. 그 당시에는 참 비주얼 예측 능력이 떨어졌던 것 같아요. 결국은 그걸로 집행이 되긴 했어요. 회의 때 팀장님께서 "유레카!" 같은 반응을 보이셨거든요. 그리고 신입이었는데도 제 아이디어는 제가 집행을 해보겠다고 했어요. 지금 생각해보면 참 이기적인 생각이었지만 정말 해보고 싶었습니다. 그래서 제작 끝까지 선배님 쫓아 다니면서 전 이게 좋아요, 이건 이렇게 했으면 좋겠어요, 했죠. 결국 TV광고도 해가 다섯 개 뜨는 게 나갔는데 정말 그림이 안 되더군요. 동영상으로 나가니까 인쇄보다 더 심하더라고요. 며칠 후 출근할 때 엘리베이터 안에서 제일기획 사장님께서 신문에 난 그 광고를 보시고 는 "이게 달이야? 해야?"하고 물으시더라고요. 쥐구멍이 있으면 들어 가고 싶었어요. 그때 정말 뼈저리게 잘 만들어야한다고 결심했습니다. 왜냐하면 매체는 정말 통제가 불가능해요. 그렇게 오랫동안 마음이 아 플 수도 있다는 것을 정말 절절히 느꼈어요.


## 1%에 집중하라

초년병 시절을 생각하면 감사한 일 뿐이에요. 참 철이 없었습니다. 케 녹스 광고를 만들면서 스스로에 대한 자신감도 많이 생겼고, 런던 광 고제 위너, 대한민국 광고대상 동상에 선정되기도 했었어요. 사실 선배 님들께서 조언을 많이 해주셔서 본래의 아이디어보다 많이 업그레이 드되었기 때문에 가능했던 거죠. 역시 광고는 혼자 하는 게 아니라고 느낍니다. 99%가 완성된다 해도 1%의 부족으로 성공과 실패가 갈릴 수 있거든요.

저는 항상 사람들에게 의견을 묻고, 대화해요. 제일기획 '올해의 크리에이터'에 뽑혔을 때는 정말 '가문의 영광'이었어요. 사실 야단도 많이 맞았어요. 이기적으로 제 일에만 집중해서 표가 많이 난 것일 수도 있죠. 그동안 정말 쟁쟁하신 대선배님들께서 상을 받으셨거든요. 그때 많은 선배님들께서 정말 지금부터는 오히려 더 겸손하게 정진해야 한다고, 그렇지 않으면 한 순간에 날아갈 수 있다는 조언을 많이 해주셨습니다. 맞는 말이죠. 화려하다가도 한 순간에 사라지는 경우가 참 많잖아요.

그러다 친하게 지내던 선배들을 따라 나가 차린 것이 브랜드 위원회였어요. 어떻게 보면 얄밉게 상만 받고 나온 셈이죠. 그래서 많이 혼났습니다. 회사에서 상을 줬다는 것은 그만큼 같이 가자는 의미인데 사표를 내고 나온 것이니 그럴 수밖에 없었지요. 당시에는 정말 맨땅에 해딩한다는 정신으로 나왔습니다. 같이 나온 선배들은 5년차, 저는 3년차였으니 대 선배님들께서 많이 말리셨습니다. 나중에는 '어린것들이 다 그렇지' 하시면서 다 이해해주셨지만… 그런데 이제는 그때 제가 한 행동들이 얼마나 괘씸했을지 알 것 같아요.

브랜드 위원회는 초창기 운 좋게 일이 잘 풀렸어요. 처음 〈영화인〉이라는 잡지광고를 했고 조금씩 소문이 나면서 지면광고로 10개 정도의 포트폴리오가 나왔죠. 동아닷컴 경쟁PT도 따오고… 우리끼리 경쟁을 하게 되니까 대행사에 있을 때와는 또 다른 경쟁을 하게 되더라고요. 정말 일 년 동안 가슴에 손을 얹어도 부끄럽지 않을 만큼 목숨 걸고 열심히 일 했습니다. 동아닷컴 PT에서는 큰 대행사와 경쟁해서 저희 기획안을 팔았어요. 당시 가수 DJ. DOC가 음란가사로 방송금지를 당해서 떠들썩하던 때였는데 저희는 그걸 역이용해서 광고를 만든 거예요. 그때 사용했던 컨셉들이 소비자 인사이트에서 출발한 것입니다. 물론 지금은 인사이트라는 게 광고계에서 붐을 이뤘지만 당시에는 그게 뭔지도 모르고, 사용하지도 않을 때거든요. 저희끼리 매체 계획도 다 짜고, 기획서도 직접 써보면서 정말 많이 배웠죠. 스스로 해보면서 실제적인 문제점, 변수 등을 피부로 알게 되었습니다.

## 커뮤니케이션은 서로를 채워주는 과정

가장 인상적인 프레젠테이션은 가수 서태지의 개인 인터넷광고였습니다. 서태지가 '울트라 매니아'라는 음반을 내고 인터넷에만 출현하면서 공중파와의 전쟁을 선포한 때였는데요. 평소 영국의 뮤지션 앨범 자켓에서 본 늑대와 함께 서있는 그로테스크한 이미지 작업을 한번 해보고 싶었거든요. 그러다 그런 이미지들이 서태지라는 뮤지션의 의연함과도 잘 어울릴 것 같은 생각이 들었죠. 그렇게 만든 카피가 "워워워"였어요. 'War'는 전쟁이란 의미도 있고, www world wide web를 의미하기도 했는데, 그 시안을 보고 서태지 씨가 아주 좋아했어요. 제가 서태지 씨 팬이었는데, 그때는 서태지 씨 앞에서 없어 보이지 않으려고 무진장 노력했었죠. 직원들끼리 완성도의 결정판이라고 격려하면서 TV광고를 만드는 것처럼 온 힘을 다해서 만들었습니다. 지면 하단에 조그마하게 브랜드위원회 광고도 했었는데 서태지 씨가 통 크게 허락했죠.

그 이후 회사 미래에 관한 회의를 하던 중 직원들 간의 의견대립이 생겼어요. 저는 대행사 형태를 추구했지만, 선배들은 프로덕션으로

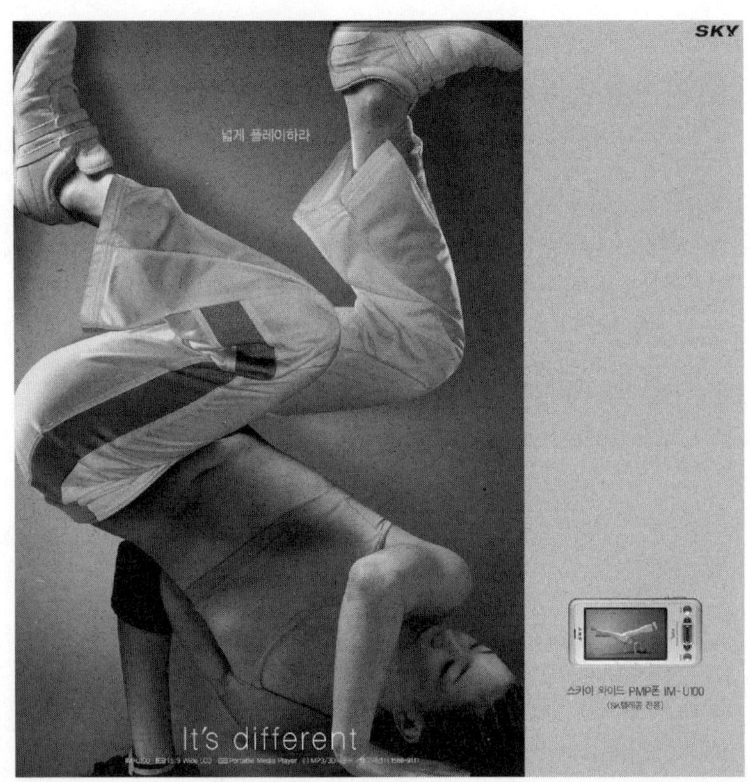


● 스카이 광고주 분들의 작품 선택 수준은 거의 깐느 이상이에요,
인사이트라는 단어가 가슴에 와 닿은 것은 스카이 광고를 하면서
부터입니다.

바꾸고 싶어 했거든요. 의견충돌로 결국 회사를 그만두게 되었고 회사가 분열된다는 것에 대해 적지 않은 충격을 받았어요. 어쩌면 인생 최초의 슬럼프였던 것 같아요. 마음이 부풀어 있다 보니까 잘 통제가 되지 않더군요. 대행사에 다시 들어가는 것은 제 자존심이 허락하지 않았고요. 그때 완전히 망가져 있었어요. 그러던 차에 박성준 선배가 최창희 사장님을 소개시켜 주셨습니다. 그 분을 처음 뵈었을 때 젊은이들 말로 '공력이 보통이 아니다'는 인상을 받았어요. 저런 분 밑에서라면 한번 해보고 싶다는 생각이 들어서 바로 TBWA로 출근하게 되었습니다.

너무 자유롭게 일하다가 다시 조직사회에서 일하려고 하니 심리적 고통이 많았죠. 일하는 스타일이 많이 달라서 갈등도 생겼고, 본의 아니게 독선적이라는 오해도 받았어요. 6개월 동안의 방황을 일로 잊어보고 싶다는 생각이 들어서 모든 신경을 일에 집중했습니다. 그때는 일주일을 연속으로 밤새며 일한 적도 있었어요. 물론 나쁜 결과도 있긴 했지만 감사하게도 그 6개월 정도의 성과들이 대부분 좋았습니다. 당시 제 모자란 부분을 모두 이해해줬던 사람이 지금까지도 파트너 관계인 카피라이터입니다. 서로 모자란 부분을 채워주고 서로에게 보완적 존재가 되었어요. 함께 일할 수 있다는 것이 행복하다는 느낌이 들 정도지요.

스카이 히치하이킹 편은 제가 직접 감독했었는데요. 한번 연출을 경험해보면 후에 감독님들과의 커뮤니케이션에도 도움이 될 것 같아서요. 그때 조익명 국장님께서 폼 잡는다고 어설픈 영어 쓰지 말라고 하셨어요. 왜냐하면 정확한 커뮤니케이션이 정말 중요하잖아요. 조 국 장님께서 '네가 한번 해볼래?' 하고 물으셨을 때 바로 '네!' 했었죠. 사실 아이디어를 낸 사람이 콘티를 더 잘 알거든요. 제가 낸 아이디어가 어느 정도의 완성도가 나올 수 있는지 직접 해보고 싶었습니다. 그때 운이 따랐는지 사람들이 많이 좋아했어요. 그 일을 하면서도 많이 배웠죠. '아, 감독은 이런 고민을 하니까 내 말이 이런 식으로 들리겠구나' 하고 감독과의 효과적인 커뮤니케이션에 대해 많이 깨달았습니다.

스카이 광고주 분들의 작품 선택 수준은 거의 깐느 이상이에요, 제가 부족해서 상을 못 받는 게 죄송할 정도입니다. 많은 분들이 계시지만, 특히 서범규 팀장님, 윤민승 전무님, 윤 전무님께서는 아직까지도 깐느 광고를 공부 하시고 수용력이 파격적인 분이시죠. 인사이트, 감성, 비주얼의 발전 속도가 웬만한 아트 디렉터보다 더 훌륭하세요. 서범규 팀장님은 인사이트가 무엇인지를 알게 해주신 분이세요. 마케팅에서 중요한 것이 인사이트잖아요. 인사이트라는 단어가 가슴에 와 닿은 것은 스카이 광고를 하면서 부터입니다. 요즘은 정말 인사이트를 제대로 파악하는 것이 중요해요. 그리고 그 발견한 인사이트를 얼마만큼 차별화해서 표현하느냐, 완성도 있게 표현하느냐, 그리고 사람들의 관심을 끌 수 있게 표현하느냐가 중요한 것 같아요. 스카이 광고는 제가 광고를 만들기 전부터 사용되던 "It's different"라는 강력한 슬로건의 덕도 크죠. 저는 광고주가 싫어하는 아이디어를 무조건 밀어붙이는 스타일이 아닙니다. 많은 사람이 좋아하는 아이디어는 좋은 아이디어가 아니라는 말도 있지만, 정말 좋은 아이디어라면 모든 사람이 좋아

할 수 있다고 생각합니다.

　　최인봉 감독, 차은택 감독과의 작업이 가장 좋아요. 최 감독님은 머리가 참 좋고 차 감독은 현장 장악력이 정말 뛰어나세요. 그렇게 두 분이 제게 강력한 인상을 남기셨습니다. 스카이 게임폰 편 찍을 때 최인봉 감독님과 같이 작업을 했는데 촬영 계획을 너무 잘 세워주셨어요. 저는 합성에 대한 고민이 많았거든요. 버스에 구멍을 뚫자는 감독님 제안이 획기적인 해결책이었죠. 가장 중요한 것이 '팀워크'인 것 같아요. 혼자 생각 할 때는 계속 걱정만 했었는데 감독님 덕분에 아이디어를 잘 표현할 수 있었죠. 정말 완성시켜나가는 감각이 뛰어나신 분이십니다.

## 대중문화를 높이는 광고, '나'를 버리는 작업

제일기획 시절에는 밴드를 결성해서 공연도 했었어요. 저는 보컬이었는데요, 비트박스를 조금 할 줄 알아요. 그래서 멜론이나 비슷한 종류의 PT를 할 때마다 비트박스로 덕을 보고 있어요. 비트박스를 넣어서 한 PT때문에 속았다는 광고주도 있었으니까요. 느낌이 틀리다는 거예요. 영화 보는 것도 너무 좋아해요. 미친 듯이 보면 하루에 2~3편씩도 보죠. 영화를 직접 만들기에는 아직 스스로 그릇이 아니라는 생각이 많아요. 제 개인적인 생각으로는 영화와 광고는 절대적 가치로 환산할 수 없습니다. 왜냐면 짧은 깐느 광고 한 편이 웬만한 영화보다도 더 감동적일 수 있으니까요. 처음 광고대행사에 지원할 때에도 이력서에 그런 내용을 썼습니다.

> 광고라는 것이 가장 많은 사람들에게 커뮤니케이션 할 수 있는 효과적인 수단인 것 같다. 영화는 일부러 보러 가야 하지만 TV만 틀면 나오는 광고는 어떻게 보면 일방적인 커뮤니케이션이다. 어머니도 "It's different"를 멋있다고 하시고 아무것도 모르는 갓난아기조차도 자신도 모르게 광고를 보고 있다. 이러한 것들을 보면 광고가 정말 무서운 커뮤니케이션 수단이라고 생각한다. 그리고 세상을 살아가면서 좋은 일을 하고 싶은데, 광고가 좋은 일의 하나가 될 수 있다고 생각한다.

광고의 수준이 높아지면 사람들의 문화 수준도 높아질 수 있잖아요. 잘 만든 광고로 대중문화의 수준을 높이고 싶다고 꿈꿨고 가끔씩 결실을 볼 때도 있어요. 저는 스카이로 수준 높은 유머를 구사하고 싶었어요. 사람들이 제가 만든 광고에 대해 많은 이야기를 할 때면 흐뭇합니다.

전에 조익명 국장님께서 지나가는 말로 '광고를 만들 때는 사심이 들어가면 안 된다'라고 하셨어요. 저는 그 말씀이 굉장히 와 닿았습니다. 여기서 '사심'이라는 것은 이 광고를 통해서 내가 떠야겠다, 튀고 싶다고 생각하는 것입니다. 이런 사심을 철저히 배제하고 컨셉과 아이디어만 생각했을 때 진정한 크리에이티브가 나오는 것 같아요. 그런데 생각해보니 쫓기는 마음도 사심이더라고요. 그래서 파트너한테 항상 말하죠. 우리 처음 시작한 마음으로 즐기면서 하자고.

애니콜 가로본능, 네이버 시리즈를 좋아합니다. 특히 네이버 광고를 보면서 많이 느끼고 배웠습니다. 광고의 구조가 너무 마음에 들어요. 한편 한편의 완성도도 중요하지만, 그런 식으로 붐업 시킬 수 있는 광고도 너무 좋죠. 공익광고 중에 '긍정의 힘을 믿습니다'도 좋았어요. 공익적인 메시지라서가 아니라 광고의 힘이 느껴져서 마음에 들었습니다. 완전히 '카피의 힘을 믿습니다' 예요. 사실 대단히 잘 만들어 졌어도 제 광고문법과 겹치는 광고에는 마음이 잘 가지 않거든요.

반면 제가 시도해보지 않았던 광고문법을 보면 많이 끌리죠. 전에도 삼성의 세계인류 편을 보면서 많은 영향을 받았어요. 굵직하면서도 공감대가 컸거든요. 저는 어울릴 것 같지 않은 것을 가져다 놓고 기가 막히게 연결시키는 광고를 무척 좋아하는데요. 웰콤의 프로스펙스 광고에 유관순 나온 것, 그건 정말 명작이었지요. 그리고 레간자의 '쉿!', 제가 그 광고를 봤을 때가 제일기획 2년차였는데 나도 나중에 저런 것을 만들 수나 있을까' 했었죠.

요즘 삼성생명 기업PR도 좋아요. 메시지가 갖고 있는 인사이트가 시사점이 있어요. 그리고 GM대우의 '나는 나를 넘어섰다' 편. 사실 그 광고의 렐러번스는 잘 모르겠지만, 똑같은 모델을 써도 어쩜 저렇게 의미를 부여할 수 있으까요? 현대카드M 광고 중에 세계정상회담 편도 너무 좋지요. 카드 광고가 그렇게 폭넓게 갈 수 있다는 게 정말 대단한 것 같아요. 다른 사람들의 광고를 보면서 항상 제가 갖지 못한 것에 대한 아쉬움과 동경을 느껴요. 솔직하게 인정하고 많이 배우려고 합니다.

## 동선의 오차를 최대한 줄여라

멜론, SK주유소 광고를 하고 있습니다. 저는 비주얼을 볼 때, 이것이 과연 공감이 가는 비주얼인가 아닌가를 많이 고려합니다. 아이디어가 명확하게 커뮤니케이션 되어서 큰 공감대가 형성되는 비주얼이 좋습니다. SK주유소 광고를 제작 할 때에도 사실 수많은 동선이 있었지만, 그것을 다 시행해보지 않고 최대한 오차를 줄이려고 했어요. 감독님들께서는 사실 비주얼에 대한 욕심이 있으시고, 같은 아이디어라도 보는 사람에 따라 해석하는 시각이 정말 다르거든요. 그 오차를 줄이는 것이 CD의 역할입니다.

광고가 완성되기까지는 정말 많은 변수가 있습니다. 광고주가 AE에게 오리엔테이션을 할 때, 그리고 마지막에 테이프가 넘어가는 순간까지. 사실 실제로 방영을 했는데 소리가 안 나오는 경우도 있거든요. 그런데 이미 나간 것은 통제가 되지 않아요. 그런 식으로 몇백 개의 갈림길, 변수들이 있는데, 앞부분은 그렇다 치더라도 아이디어를 내는 부분부터는 정말 크리에이티브 디렉터의 책임이 크다고 생각합니다. 아이디어만 내고 감독에게 책임을 전가 해서는 안됩니다. 저 같은 경우는 '감독을 괴롭힌다'는 말을 들을 정도로 끝까지 신경 쓰거든요. 그렇게까지 해서 좋은 아웃풋이 나오면 감독도 저도, 서로가 좋은 거죠.

크리에이티브 디렉터라면 크리에이티브의 솔루션을 가지고 있어야 한다고 생각해요. 그래서 크리에이티브 디렉터가 가장 돋보이는 때는 문제가 잘 풀리지 않을 때죠. 기법적인 문제든 아이디어의 문제든, 아니면 마케팅의 문제든 정말 그 문제를 해결 솔루션을 가진 사람, 그리고 그 솔루션이 검증된 사람. 그런 사람이 진정한 크리에이티브 디렉터라고 생각합니다. 좋은 크리에이티브 디렉터가 있어야 좋은 캠페인이 나올 수 있어요. CD의 역량에 따라 팀워크가 좋아지고, 팀이 깨지지 않고, 아랫사람들도 믿고 따를 수 있습니다.

여러 가지로 크리에이티브 디렉터의 책임이 큽니다. 저는 광고의 완성도와 퀄리티는 무조건 크리에이티브 디렉터의 책임이라고 생각합니다. 사실 잘못된 문제 또한 크리에이티브 디렉터가 책임져야 한다고 생각해요. 크리에이티브 디렉터란 '이름 걸고 하는 작업'을 인정받은 사람이잖아요. 그렇지만 명예만 욕심내서는 안되겠죠. 아랫사람들의 역량이 최대한 자율적으로 발휘될 수 있도록 지혜롭게 힘을 분배하는 것도 중요하다고 생각합니다. 좋은 것은 나눠가지고 나쁜 것은 크리에이티브 디렉터 혼자 짊어지고 가야합니다. 같이 프로젝트를 하는 동료들에게 함께 참여했다는 느낌을 갖도록 하는 것도 중요하죠. 이름을 걸고 하는 작업이니까요.

# 전방위 크리에이티브를 사수하라

사람들의 의식이나 생활 습관 속에서 우리가 해결해야 할 과제를 찾고, 해결할 수 있는 아이디어를 주는 것이 요즘의 크리에이티브 아이디어입니다. 아이디어는 카피 한 줄, 그림 한 컷뿐만 아니라 미디어나 PR 등 어느 영역에서도 나올 수 있는 것이죠. 크리에이티브의 범위는 점점 넓어져야 합니다.

**You Jae Sang**

● 태평양 트윈엑스 ● KTF 드라마폰 ● KTF 도시락 ● KTF FIMM
● KTF 지팡 ● 얀센 리조랄 ● Na ● S-Oil

## 브랜드 중심으로 사고하라: Car love S-Oil

한때 KTF Na 광고로 유명했던 웰콤의 유제상 부사장은 스케줄이 너무 바빠서 서로 시간 맞추기가 여간 힘든 게 아니었다. 간신히 인터뷰 스케줄을 만들어 놓으니 갑자기 그에게 해외 출장이 떨어지고 2주일 후에 약속한 날은 전날 광고주 호출이 있어서 또 연기되고, 다시 맞춰놓은 스케줄에는 포항에서부터 서울로 올라가야하는 필자에게 문제가 발생하여 과연 이 인터뷰가 이루어질 수 있을지 무척 걱정이 됐다. 간신히 다시 약속을 잡고 그가 둥지를 틀고 있는 광고대행사 웰콤에서 마주 앉았다. 전화를 하도 여러 번 해서 일까? 마치 꽤 오래 안 사람 같은 기분에 편안하게 이야기를 진행할 수 있었다.

　동방기획에서 화장품 광고를 시작으로 광고쟁이가 된 그는 현재 웰콤에서 정보통신 관련광고들을 주로 담당하고 있다. 그의 대표작은 태평양의 트윈엑스 레쎄였다. 당시에 큰 화제를 불러일으켰던 태평양의 뉴 브랜드로 이병헌, 김원준이라는 아이돌 스타들을 광고모델로 등장시켰다. 요즘은 화장품 광고에 남자 모델들이 출연하는 것이 전혀 어색하지 않지만 그때로서는 파격적인 시도였다. 이 브랜드는 "X세대의 트윈엑스"라는 선도적인 뉴 제너레이션의 네이밍으로 인기 브랜드로 자리 잡았다. 다큐멘터리 방식으로 제작된 후속작품은 아프리카 기아선상의 아이들에게 구호물품을 전해주는 기존 두 모델의 한줄기 눈물이 연출 없이 표현되어 큰 반향을 불러일으켰다.

　웰콤으로 자리를 옮긴 후 유제상 부사장은 또 하나의 대표작이라 할 수 있는 드라마 브랜드를 집행하며 "벨이 울리면"이라는 신문광고 시리즈를 만들었다. 당시 KTF의 드라마폰 CF는 뛰어난 영상미가 장기인 김규환, 박준원 감독들이 주로 영화 예고편 같은 형식으로 제작했다. 여성 전용 폰으로 타깃을 축소한 것이 얼핏 보기에 무척 위험한

도전이었다. 그러나 복잡한 핸드폰 단말기 시장에서 여성만을 위한 99가지 서비스 등을 강조한 드라마틱한 광고표현은 여성들의 마음을 흔들기 시작했다. "여자라면 누구나 드라마 같은 삶을 꿈꾼다"라는 컨셉으로 시작된 이 시리즈는 당당한 커리어 우먼, 혹은 깨끗하고 맑은 여자의 모습들이 벨이 울리면 꿈으로 전이되어가는 몽환적인 구성으로 유 부사장의 판타지가 브랜드에 잘 표현된 것 같다.

한때 대학생들에게 무척 인기가 높았던 KTF Na 캠퍼스 시리즈는 조한선을 메인 모델로 상당히 많은 광고를 집행하였는데, 매 편마다 아이디어들이 재미있고 누구나 한번쯤은 경험하고 상상해 보았을만한 것들이 표현되어서 항상 선호도가 높았다. 아주 쉬운 개념이지만 "알겠니? Na와 너의 차이"라는 슬로건은 제법 렐러번스를 지켜냈다. 얼핏 말장난처럼 보이지만 브랜드와의 유기성을 잘 찾아낸 것이다. 한편 Na 커플 요금제 광고는 마치 유럽에서나 나올법한 광고로 눈길을 끌었다. 커플요금 제도를 활용하면 커플이 마치 한 몸처럼 지낼 수 있다는 아이디어를 남자모델이 여자 친구를 업고 다니면서 모든 일상생활을 자연스럽게 행하는 모습으로 보여 주었다. 와이어를 쓴 특수 촬영이었지만 힘든 촬영이었던 만큼 영상의 임팩트가 있고 메시지의 렐러번스가 높아 탁월한 크리에이티브를 선보였다.

최근 유제상 부사장이 집행했던 S-Oil 시리즈도 이야기하지 않을 수 없다. SK가 엔크린 코믹광고 시리즈 이후 S-Oil이 주유시장에서 선도 브랜드로 자리 잡는 것을 보고 경쟁사들도 일제히 광고전에 뛰어들었던 것을 기억할 것이다. 다른 주유회사 광고들이 매년, 또 매번 다른 모델에 다양한 컨셉으로 소비자의 머릿속에 인식의 사다리가 놓기도 전에 계속 형태를 바꾸어 결국 기억이나 선호도 획득에는 실패했던 반면, 몇 년 전부터 유제상 부사장에 의해 진행되는 Car love S-Oil 시리즈는 화면의 형태나 색깔에 있어서 일관성을 유지하며 성공적으로 인지도를 쌓아가고 있다. 내가 좋아하는 기름이 아니라 "내 차가 좋아하는 기름"이라는 발상의 전환으로 새로운 화법을 제시한 것이다.

가끔은 아무데나 세워두어 날 처량하게 하지만
힘을 주는 S-Oil만 넣어준다면, 주인님을 용서한다
Car love S-Oil

여러 가지 연출로 매번 시리즈가 바뀌었지만 "힘을 주는 S-Oil만 넣어준다면, 주인님을 용서한다"는 슬로건이 마치 포스코의 "소리 없이 세상을 움직인다" 처럼 확실히 인지되었다. 또한 화면 테두리를 노란색으로 막아놓고 시작하는 광고는 중간에 채널이 돌아가도 언제나 S-Oil광고임을 명확히 고지하고 있다. 이 시리즈에서 개인적으로 가장 인상 깊었던 광고는 강아지들이 줄을 서서 자동차 바퀴에 실례하는 상황에서도 여지없이 "그래도 힘을 주는 S-Oil만 넣어 준다면, 주인님을 용서한다"라고 하소연하는 광고였다. 정말 궁금해서 물어 보았다. 강아지들이 그렇게 훈련이 가능 하냐고.

현재 S-oil은 제일기획 이정락 상무에 의해 집행되고 있으며 차승원, 김태희, 싸이 편이 동시에 노출되다가 차 승원, 김아중 편으로 또 포맷이 바뀌었다.

# 카피로 소비자에게 말 걸기: 나는 누구인가?

제가 쓴 카피 중에는 눈높이 교육의 "실천보다 큰 가르침은 없습니다" "세 개 틀렸네. 세 개 밖에 안 틀렸네" 같은 것들을 좋아해요. 사실 대학에서 국문학을 전공하면서 4학년이 될 때까지 광고가 뭐하는 건지 몰랐어요. 고등학교 때부터 시를 쓰고 싶어서 문예부에서 들어갔고 자연스럽게 대학에서 국문학을 전공하게 됐습니다. 대학에서도 처음에는 시를 쓰다가 문학 평론을 했어요. 대학원에 진학해서 계속 문학 평론을 공부하려고 하던 대학 4학년 때 조교 형이 건넨 오리콤 추천서가 광고입문의 계기가 된 거예요.

오리콤이 어떤 회사인지도 잘 모르고 그냥 원서를 냈어요. 서류 전형이 통과되고 그때 오리콤에 대리로 근무하던 대학선배를 찾아간 것이 윤준호 카피라이터였어요. 윤준호 선배가 광고와 카피라이터라는 직업에 대해 설명해 줬죠. 듣고 나니 꽤 괜찮은 직업이라는 생각이 들더군요.

돌아와서는 오길비가 쓴 《어느 광고인의 고백》을 읽고 면접을 준비했는데, "대머리 까진 양을 보셨습니까?"와 "치질이 고민이시면 2달러를 보내주십시오. 아니면 치질과 2달러를 그냥 가지고 계십시오"라는 카피 두 개가 재미있어서 면접 때 외워서 들어갔어요. 면접 때 아마 '대우자동차에서 신차를 출시하는데 어떤 차가 나오면 좋을지를 생각해서 카피를 써보라'는 문제가 나왔던 것 같아요. 그때는 아무 생각 없이 우리나라에 없는 2인승 승용차를 생각했고, '대머리 까진 양을 보셨습니까?'라는 카피를 그대로 가져다가 '둘만 타는 승용차를 보셨습니까?〉는 카피와 몇 줄을 써서 냈습니다. 난센스 같은 아이디어 문제들도 풀었던 것 같아요. 결국 3명만 올라가는 최종면접까지 올라갔습니다. 그때는 이미 광고를 해 봐야겠다는 생각을 굳혔던 차였는데, 저만 떨어진 거예요. 정말 막막했죠. 다른 회사들은 그 동안 전형이 다 끝나 버렸고, 고민하다가 마지막으로 남은 동방기획에 입사해서 광고 일을 시작했습니다.

처음 1년간은 연습만 하다가 2년차부터 카피를 쓰기 시작했습니다. 그리고 화장품 광고를 7년 정도 담당했어요. 그리고 보니 지금까지 정보통신 쪽 말고는 화장품을 가장 많이 맡아왔던 것 같네요. 동방에서 나와서 잠깐 송관선 선배와 충무로의 부띠끄boutique<sup>★</sup>로 외도 후 다시

기획 위주의 소규모 전문 광고회사 ★

동방으로 돌아가서 7년 정도 더 있었어요. 그리고 프리랜서로 독립했습니다.

동방에 있을 때부터 웰콤의 박우덕 사장님을 두 번 정도 뵈었어요. "웰콤에 와서 일해라"고 말씀하셨는데, 프리랜서 생활 2년 후에 보따리 장사 끝내고 웰콤에 들어가게 됐습니다. 나중에 알고 보니 박우덕 사장님은 눈에 띄는 광고가 있으면 그 광고를 누가 만들었는지 찾아보신다고 하시던데요? "나는 누구인가? 나 트윈 X세대" 라는 카피를 통해서 제 이름을 아시게 된 것 같습니다. 그렇게 99년도에 웰콤에 와서 지금 7년이 넘었네요.

일이 떨어지면 게릴라식으로 모두 함께 모여서 일을 했어요. 처음 웰콤에서 마티즈, 레간자 등의 대우자동차 광고를 맡았어요. 그 후 한솔PCS, 하나로통신 등도 담당했습니다. 경쟁PT를 한 것으로는 컴팩,

굿모닝증권, 한국타이어 등이 있고, 박우덕 사장님과 함께 회의하고 만들었죠. 2000년쯤부터 클라이언트 출입을 하기 시작했는데, 크리에이티브와 기획을 함께 관리하는 캠페인 디렉터를 맡았습니다. 웰콤 초기부터 KTF를 맡고 있습니다. "Have a good time" 같은 메인 캠페인은 제일기획이 하고 있고 저희는 주로 KTF의 주변 브랜드들을 많이 했습니다. Na, Drama, K-merce, K-ways같은 것들은 저희가 이름도 만들고 캠페인 런칭부터 담당했습니다. 그 외에 신세계 백화점을 1년 반~2년 정도 했고, 하나로 통신, 카스, 오비, SM 시리즈 등도 맡았습니다.

## 집중! 집중! 집중!

저는 장소를 불문하고 집중해서 아이디어를 발전시키는 스타일이죠. 언제, 어디서든지 집중해서 생각하는 시간을 마련하는 게 중요해요. 제일의 범위가 클라이언트를 만나고, 다른 여러 일에도 관여해야 하기 때문에 크리에이티브만 생각 할 수는 없습니다. 동시에 여러 가지 프로젝트를 진행하기도 하고요. 그래서 프로젝트 하나를 가지고 계속 생각하기 보다는 짧은 시간이라도 틈틈이 집중하고 몰입해서 생각을 정리해야 합니다. 차 안이든, 회의시간이건 장소나 시간은 크게 중요하지 않습니다.

부사장이라는 타이틀… 득이 되는 부분도 있고 실이 되는 부분도 있습니다. 처음에는 정체성에 대한 고민도 많았습니다. 하지만 제가 좋아하는 니클라오, 구삐, BBG의 존 헤가티, 미국의 크리스핀 포터 플러스 보거스키Crispin Porter +Bogusky에 있는 보거스키, 위든 앤 캐네디Wieden 8 Kennedy에 탐 위든 같은 사람들도 저와 같은 고민을 했더군요. 그러나 크리에이터로서의 고민만 멈추지 않는다면 오히려 좀 더 폭 넓게 사고할 수 있는 여력과 시야가 생긴다는 긍정도 있어요. 나름의 역할을 하는 거죠. 젊은 크리에이터들의 이야기를 듣고, 생각을 발전시키는데 도움을 주고, 미궁에 빠졌을 때 결정을 돕는 역할을 하는 것이 그런 부분이죠.

윤준호, 송관선, 한상규 , 주프로 김홍국의 크리에이티브가 좋아요. 또 김종원, 박성민, 김규환 감독과 일을 하면서 많이 배웠고, 후배인 박명천 감독과는 맡은 일의 90% 정도를 같이 하고 있습니다. 최근에는 차은택. 이승주, 박준원 감독 같은 젊은 감독들과도 일해요. 얼마 전에 호주에서 최인봉 감독과 같이 일 했습니다. 젊은 감독들과 되도록 일을 많이 하려고 하죠. 좋은 크리에이티브 디렉터가 되는 것도 중요하지만 주변에 여러 스텝들이 저와 잘 맞고 일을 위해서 노력해야 한다고 생각합니다. 실제로도 도움을 많이 받고 있습니다.

아트워크에 있어서 포토그래퍼 조세형 씨와의 긴 인연도 제겐 소중하죠. 드라마 브랜드를 런칭하면서 이영애 씨와 스물두 편의 "벨이 울리면" 신문광고 시리즈를 만들었습니다. 그때 사진을 조세현 씨가 찍어 주셨고, 그 이후로 일을 많이 했죠. 조세현 씨 외에 박기효 씨와도 많이 했습니다.

그중 저희 박우덕 사장님은 최고의 스승이자 선배이고, 언젠가는 넘고 싶은 산이기도 합니다. 제가 곁에서 칠 년째 모시고 있는데, 꼭 아이디어를 어떻게 내고 크리에이티브를 어떻게 하는가를 떠나서 광고인으로서 세상을 사는 지혜나, 자존심을 잃지 않는 법, 클라이언트를 대하는 법 등 배울 것이 너무나 많습니다.

## 광고는 죽지 않았다, 여전히 위대한 광고의 힘

태평양은 제게 광고에 대해 흥미를 갖게 해주고 재미있게 일하는 법을 알게 해준 광고주입니다. 우리나라에서는 최초로 썬텐한 느낌을 주는 화장품인 썬브레이크를 런칭했고, 트윈엑스 레쎄도 맡았습니다. 그 후 일 년 반 정도 주식회사 대교를 했습니다. '눈높이'라는 워낙 훌륭한 브랜드네임이 있는 상태에서 경쟁PT를 거쳐 동방으로 가져왔습니다. "실천보다 큰 가르침은 없습니다" "세 개 틀렸네, 세 개 밖에 안 틀렸네" 같은 카피를 썼고, 그때 참 행복하게 일했습니다. 대교 부사장님께서 참 좋아해 주셨어요. 시안을 들고 들어가서 쭉 읽으면 박수를 쳐 주시는, 그런 클라이언트는 다시는 없을 것 같습니다.

깐느나 외국 광고제의 경향을 보면 광고 크리에이티브에 대한 생각들이 많이 바뀌고 있습니다. '광고는 죽었다'면서 광고 외에 다른 PR이나 커뮤니케이션 수단들이 더 득세하고 광고의 힘이 떨어 진 것처럼 이야기를 하는 경향이 있어요. 반면 세계적으로 광고가 굉장히 대단하다는 것을 주장하고, 그것을 확인하게 하는 캠페인들이 나오고 있는 것 같습니다.

예를 들어 몇 년 전 이케아 램프가 대상을 받은 것은 광고의 사회적 역할이나 기능 같은 것이 여전히 위대하다는 것을 보여주는 사례라고 생각합니다. 스웨덴의 이케아가 북미시장에 진출했을 때 아무리 해도 팔리지 않았다고 합니다. 싸고, 합리적이고, 예쁘다고 아무리 강조를 해도 안 팔렸죠. 그래서 크리스 핀포터 플러스 보거스키라는 광고 대행사에서 북미 사람들의 가구에 대한 인식에 대해 서베이 분석을 했죠. 결론은 북미 사람들, 특히 미국 사람들은 가구보다 배우자를 더 자주 바꾼다는 것이었습니다. 즉 가구에 대한 이상한 고정관념, 뿌리 깊은 애착 같은 것이 있어서 가구를 쉽게 바꾸지 않는다는 거였습니다. 그래서 가구를 바꾼다는 것은 당신들의 삶을 지루하지 않게 만드는 간단하고 당연한 일이라는 'Unboring캠페인' 이 시행됐습니다.

그 중 하나의 광고를 말씀드릴게요. 주인이 램프를 가져다 버리는데 비가 내립니다. 처량한 분위기에서 램프는 버려지고, 버려진 램프의 자리에는 새 램프가 켜집니다. 보는 사람의 입장에서는 '저 램프 참 불쌍하다' 는 생각을 하겠죠. 하지만 그때 한 사람이 툭 튀어 나와서 '이 램프가 불쌍하다고? 당신 미쳤어? 램프는 그냥 램프일 뿐이야!' 이렇게 한마디 던지는 거지요. 아마 다들 보셨을 겁니다. 그런데 그 캠페인을 하고나서 이케아가 미국에 성공적으로 발을 디디기 시작했습니다. 광고가 사람들의 생각을 변화시켰다는 거죠.

## 아이디어 임파서블

아이디어의 흐름이 바뀌고 있습니다. 과거에는 전통적인 크리에이티브 아이디어, 즉 임팩트 있는 것을 찾아서 한마디 지르는 차원이었다면 사람들의 의식이나 생활 습관 속에서 우리가 해결해야 할 과제를 찾고, 해결해 줄 수 있는 아이디어를 주는 것이 요즘의 크리에이티브 아이디어라고 할 수 있습니다.

그래서 저희들은 크리에이티브 임팩트라는 말을 쓰지 않으려고 합니다. 실질적인 관찰을 통해서 우리 브랜드가 소비자들에게 침투하는데 생기는 문제가 무엇인지를 정확히 알고 그것을 해결 할 수 있는 아이디어가 무엇인지를 찾는 것이 더 중요하기 때문이죠. 그 아이디어라는 것은 카피 한 줄, 그림 한 컷이 아니라 미디어에서도 나올 수 있는 것이고, PR에서도 나올 수 있습니다. 즉 어느 영역에서도 나올 수 있는 것 입니다. 그러한 범위는 점점 넓어져야 합니다. 그런 의미에서 본다면 최근의 네이버 캠페인은 아이디어를 미디어와 접목해서 새롭게 전개한 성공적인 캠페인이라고 생각합니다. 뮤직포탈 사이트, KTF 도시락을 맡으면서 BTL*쪽의 매체에서 음악이 나오는 방법도 시도했어요. 홍대, 신촌, 청담동의 버스 쉘터, 와이드 칼러 같은 곳에서 음악이 나오게 했으며 퍼포먼스 형식으로 모델이 음악을 듣고 있고, 지나가면서 한번 들어보고 가는 식으로 진행했어요.

★BTLBelow the line 미디어를 매개로 하지 않는 프로모션으로 판매지원, 유통지원, 샘플링과 같은 대면 커뮤니케이션을 활용하는 것

## 광고는 크리에이터의 애정을 먹고

크리에이티브 디렉터가 어디까지 관여해야 하는지… 많이 생각하고 있는 문제에요. 외국회사의 크리에이티브 디렉터들의 권한에 대해서

도 조사하고… 이야기도 들었고요. 외국의 크리에이티브 디렉터들의 권한도 두 종류로 나눌 수 있습니다. 나이키를 맡고 있는 위든 앤 케네디 같은 대행사에서는 크리에이티브 디렉터의 권한이 거의 절대적입니다. 반면에 BBDO 같은 대행사는 CD보나는 AE가 기획 쪽에서 먼저 정확한 컨셉을 짜놓고, 그 컨셉 안에서 광고 크리에이티브를 만들어야야 하죠. 그럴 경우의 크리에이티브는 스케일 있고 완성도 있는 작업을 하는 정도로 평가 할 수 있죠.

웰콤은 CD가 무한대의 책임과 무한대의 권한을 가지고 있어야 한다고 생각합니다. 크리에이티브 디렉터가 OK를 하든지, NO를 하든지에 대해 이견이 없어야 한다는 것입니다. 대신에 CD에게는 아주 넓은 책임도 있어야겠죠. 그 책임은 클라이언트가 떠나는 것으로 마무리 지어 질 겁니다. 그리고 그 횟수가 한두 번 쌓이다 보면 크리에이티브 디렉터 스스로가 견딜 수 없을 것이라고 생각 합니다.

기준을 정해서 '크리에이이티브 디렉터는 여기서 여기까지다' 라고 선을 긋는 것은 굉장히 무의미 하다고 생각합니다. 그것보다 중요한 것은 인식 자체를 바꾸는 것입니다. 경력이 오래된 사람이 CD가 되고 재주 없는 크리에이터는 CD가 못 되는 것이 아닙니다. 예를 들어 어떤 사람은 아트 디렉터로서는 굉장히 훌륭하지만 크리에이티브 디렉터로는 적합하지 않을 수 있습니다. CD의 자질은 좋은 카피나 아이디어를 얼마나 낼 수 있는가도 판단될 수 있겠지만 클라이언트와의 커뮤니케이션 능력이 가장 중요합니다. 우리 회사에서 만든 캠페인이나 아이디어들을 광고주가 잘 이해하고, 받아들일 수 있게 커뮤니케이션

하는 것이죠.

　동료 크리에이터들이 이야기한 좋은 아이디어들 중에서 자신의 브랜드와 맞는 것, 다른 캠페인들과 차별화 된 것을 골라내서 발전시킬 줄 아는 사람, 그리고 이것을 클라이언트들한테 믿음을 가지고 커뮤니케이션해서 잘 설득 할 수 있는 사람이 크리에이티브 디렉터인 거죠. 외국에서는 크리에이티브 디렉터 할 사람을 일찍부터 정해놓고 하나의 역할로써 키웁니다. 영예로운 자리가 아닌 그저 하나의 역할일 뿐입니다.

　광고산업은 크기에 비해서 폐쇄적이고 진입 장벽이 무척 높다는 점에서 굉장히 안타깝습니다. 사실 기회가 많아야, 무엇을 준비하라고 이야기 해 줄 텐데, 그렇지 못한 상황에서 이야기를 하는 것이 부끄럽습니다. 하지만 제 생각에 광고는 정말로 애정을 먹고 자란다고 생각합니다. 이제 막 광고계에 입문한 새내기들에게는 정말 광고를 사랑하라고 말하고 싶어요. 진심으로 사랑하는 사람에게는 사람을 표현하는 길이 굉장히 다양하거든요. 그래서 광고를 하나의 직업이라고 생각하지 말고, 정말 이거 아니면 안 된다는 생각으로 덤벼들면 상대적으로 많은 길이 보일 것이라고… 또 한 번 무책임한 이야기를 할 수 밖에 없네요.

면
이

과 을 다 에 에 지

람 장 른 리 브 대 라

사 시 모 크 티 손 마

자기를 광고하는 법을 깨달으면 기회는 오기 마련입니다.

광고하는 사람은 자기 스스로를 광고할 줄 알아야 합니다.

사람 마음을 움직이는 것, 그것이 광고죠.

**Lee Bong Jae**

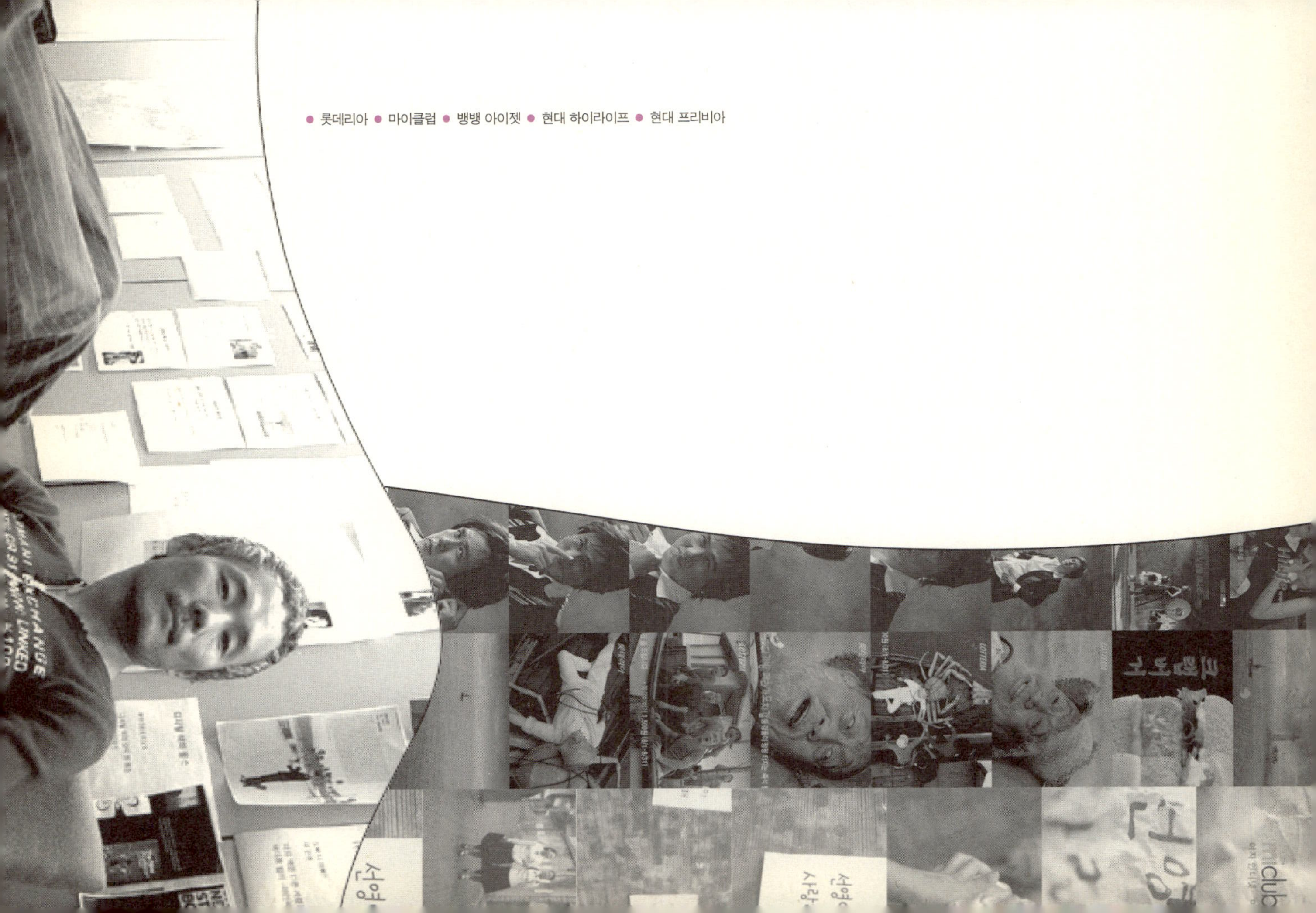

● 롯데리아 ● 마이클럽 ● 뱅뱅 아이젯 ● 현대 하이라이프 ● 현대 프리비아

## 생각의 틀을 깨다: 선영아, 사랑해

언젠가 서울의 거의 모든 지하철역과 시내가 온통 "선영아, 사랑해" 벽보로 뒤덮인 적이 있다. 어느 순진한 청년의 사랑고백인줄 알았던 이 벽보는 여성 인터넷사이트 마이클럽의 티저광고teaser advertising*였다. 사이트를 열기도 전에 떠들썩한 화제를 불러일으켰던 마이클럽은 개설직후 폭주하는 가입자를 시스템이 다 수용하지 못할 정도로 인기였다. 그리고 "선영아, 사랑해" 광고는 모든 매체의 집중해부 대상이 되었다.

호기심을 일으키는 표현이나 반복 DM 등으로 발신자의 목적을 숨기는 사전광고 ★

이 광고의 제작자는 대홍기획의 이봉재 국장이었다. 어느 날 출근길에 "○○야 사랑해!" 라는 벽보를 본 이봉재 국장은 '언젠가 저걸 꼭 광고에 써먹어야지' 하고 별렀다고 한다. 그는 관심의 대상이 돠는 것을 중요하게 생각하지 않는다. 정치적으로든 사회적으로든 어떤 영향을 끼쳤느냐가 더 중요하다. 모두가 행복해 하는 일들이 많았으면 하는 바람을 갖고 있던 그는 잠시나마 여성들에게 행복을 주었다는 사실에 만족해했다. 크리에이티브 디렉터라는 타이틀을 달고 막 시작한 캠페인이었던 "선영아 사랑해"는 아마도 이 국장에게 평생 잊지 못할 작품이 될 것이다.

'옅은 회색과 검은색 적절히 조화된 머리 색깔과 멋스럽게 기른 수염이 불혹을 지난 그에게 전혀 어색해 보이지 않는다.' 그를 묘사한 잡지기사의 한 대목을 기억한다. "니들이 게맛을 알아?"를 만든 크리에이터가 머리를 탈색하고 쫄쫄이 티와 바지를 입고 다닌다니… 믿기지 않았다. 그런데 저녁 늦게 대홍기획에서 만난 이봉재 국장은 실로 놀라움 그 자체였다. 일본 사무라이 영화에서 봄직한 날카로운 인상과 흐트러짐 없는 당당한 태도는 불혹을 넘어선 그의 나이를 짐작할 수 없게 했다.

아마도 그의 이런 독특함이 청바지 브랜드 뱅뱅의 아이젯 광고를 만들 수 있도록 한 것 같다. 고등어가 청바지를 입고 사람처럼 포즈를 취하고 있는 비주얼은 깜짝 놀랄만한 시도였다. 이 광고는 초기의 이봉재 국장에게 명예와 자신감을 심어준 계기가 되었다.

그는 광고의 원칙에 충실한 크리에이터였다. 그림과 스타일로 제품의 판매와는 관계없이 솜씨만 자랑하는 많은 크리에이터들 속에서 이봉재 국장은 확실히 빛나는 광고인이다. 아마 지금은 세상에 없는 데이비드 오길비가 그를 만난다면 단박에 제자로 삼았을 것이다.   인터뷰 당시만 해도 대홍기획에서 뼈를 묻을 것 같았던 이 국장은 이노션으로 둥지를 옮기며 광고인생의 전환점을 맞게 된다. 대홍의 분위기와 사람이 좋아 한 직장을 고집하고 있었지만 다른 제품이나 브랜드에 대한 열망도 상당했으리라.

흔히 무심히 스쳐갈 수 있는 일도 이 국장에게는 예사롭게 보이지 않는다. 그의 손을 거치면 평범함은 다시 아이디어로 재조합되어 크리에이티브로 표현된다. "선영아 사랑해"를 필두로 많은 모작들이 뒤를 이었다. 비슷하게 흉내 낸 티저광고들은 소비자나 시청자들의 짜증 섞인 외면을 받았다. 크리에이티브란 아마도 단 한번 태어나서, 단 한번 사용되어, 단 한번 진가를 발휘하는 신기한 마법인 것 같다.

선영아
사랑해

## 앤디 워홀이라면 어떻게 했을까

모든 것을 광고에 적용시키는 게 습관이죠. 예를 들어, 남들이 아픈 이야기를 하면 힘도 줘야 하고 위로도 해줘야 한다는 생각에서 그걸 광고 아이디어로 활용하게 되더라고요. 절절한 이야기를 들으면서도 '이걸 광고로 어떻게 표현하면 좋을까?' 하고 생각하게 됩니다. 어떻게 보면 아주 나쁜 습관이에요. 포토그래퍼들이 카메라 렌즈 없이는 세상을 잘 볼 수 없는 것처럼 광고의 눈으로 세상을 바라보는 습관이 생긴 것 같아서 무섭기도 합니다.

어릴 때 그림을 그리면서 알게 된 팝아트Pop Art★의 대가 앤디워홀 Andy Warhol에게서 많은 도움을 받았어요. 물론 만난 적은 없지만요. 앤디워홀은 광고와 아트를 결합시켜서 현대사회의 새로운 획을 그은 아티스트라고 볼 수 있죠. 아트는 간직하고 보존해야 한다는 기존의 관념 대신 아트도 쓰고 버릴 수 있다는 시각을 보여준 사람이에요. 광고물을 제작하면서 색다른 뭔가가 떠오르지 않을 때 '앤디워홀이라면 지금 어떻게 했을까?' 하고 생각해봐요.

★ 20세기 구상미술의 경향

지금까지 일하면서 광고 크리에이티브가 어떤 것일까, 하고 구체적으로 생각 해 본적이 없었습니다. 그럴 필요를 못 느꼈었거든요. 단순히 크리에이티브만 생각하면 될까, 아니면 마케팅을 알아야 한단 말인가? 하지만 한 가지는 자신 있게 말할 수 있습니다. 광고 크리에이티브는 파인아트Fine Art★가 아니라는 것입니다. 사람을 모르고 시장을 모르면 광고 크리에이티브를 할 수 없습니다. 그냥 아카데미의 과정일 뿐이죠. 크리에이티브로 단번에 소비자의 혼을 뺏는 사람은 타고나는

★ 보다 고급스럽고 비실용적인 예술을 지칭하는 용어

것 같아요. 물론 노력만으로도 어느 정도는 가능하겠지만 광고는 '어떻게 알릴 것인가'에 관한 문제를 고민하는 것이기 때문입니다. 처음 배운 것이 지금도 정답이라고 생각합니다. "팔아주지 못하는 광고는 광고가 아니다." 이 말을 모든 광고물의 잣대로 삼고 있습니다.

아주 가끔이지만 어디론가 떠나야 한다는 생각이 들 때가 있어요. 그때마다 산악자전거를 타고 산에 오릅니다. 왜 힘들고 위험하게 자전거를 타고 산에 오르는지 궁금해하는 사람들이 많습니다. 해보지 않고는 이해하기 힘들 겁니다. 힘들게 산을 오르고 난 후 밀려오는 희열은 무어라고 표현하기 힘들어요. 전 특히 지루한 건 못 참습니다. 그래서 MTB에 빠져 있는 거 같아요. 사실 MTB를 시작하게 된 건 알파인 스노보드를 타면서부터였어요. 스노보드를 시작할 때 저 자신과 약속한 게 있었습니다. 아마 몇 년 전 성우리조트에서 일거에요. 챌린져코스 상급 슬로프를 그림처럼 내려오면서 관광보딩을 하겠다고 다짐했죠. 어느 정도 시간이 흘러 상급슬로프를 안정된 자세로 내려 올 즈음에 무엇보다 다리 힘이 부족한 걸 느꼈습니다. 그래서 다리 힘을 키우기 위해서 MTB를 시작했는데 지금은 스키보다 더 좋아해요. 얼마나 갈지 모르지만….


## 니들이 게 맛을 알아?

대홍기획에서 롯데리아 광고를 4년 넘게 담당했습니다. 그중에 많은 분들이 '노인과 바다' 편을 좋아하셨죠. "니들이 게 맛을 알아?"라는 카피는 "니들이 개 맛을 알아?" 등으로 변형돼 네티즌들 사이에서 큰 화제가 됐었어요. 광고를 보고 한동안 패스트푸드를 멀리 했던 사람들이 도대체 저게 뭘까, 하는 생각으로 매장을 다시 찾았다고 들었습니다. 실제로 출시 한 달 반 만에 5백50만 개의 크랩버거가 팔렸다고 들었어요. 그 정도면 성공한 광고 아닌가요? 제주도 서북쪽 해안에 위치한 이호해수욕장 앞바다에서 3시간 동안 모형 게에 몸이 묶여 쪽배에 실려 고생하신 신구 선생님이 실제로 '화난 상태'여서 더욱 실감난 연기를 얻을 수 있었어요. 광고 카피의 정형을 깰 수 있었던 좋은 경험을 하게 해준 광고입니다. 제가 실제로 햄버거를 좋아하게 된 계기이기도 하고요.

광고를 시작한 동기라… 별로 특이할건 없습니다. 광고에 뚜렷한 소신을 갖고 시작한 사람들이 많지 않았을 때니까요. 저도 마찬가지에요. 저는 일러스트레이터가 되고 싶었습니다. 그림을 좋아했거든요. 우연히 고향선배가 근무하는 광고회사에 놀러 갔는데요, 열심히 일하는 광고인들 모습이 좋아보였어요. 어떻게 하다 보니 선배의 주선으로 방학 때 인턴과정도 거치고 공채를 통해 대홍기획에 입사하게 됐습니다. 아마 전생에 예정된 일이었나 봐요. 살면서 중요한 사람을 하나하나 만나듯이 말입니다. 다른 회사로 가게 될 기회도 있었지만 함께 일하는 사람이 좋았고 그 열정 속에 묻혀있는 제가 좋아 보이더라고요. 그래서 저도 모르게 광고세계의 일원으로 지금의 모습을 만들어 왔나 봅니다.

함께했던 사람들과 공간들은 제 인생의 소중한 추억입니다. 광고라는 끈으로 얽매여 있는 사람들의 관계는 묘한 구석이 있어요. 냉정하리만큼 살벌한 경쟁 속에서 각자 목적을 위해 달리다가도 막상 그 사람들의 정서 속으로 들어가면 그렇게 인간적일 수가 없답니다. 아마도 창작하는 사람들의 공통점이 아닌가 싶습니다. 그래서 힘들고 괴로워도 이 울타리를 벗어날 수가 없나 봅니다. 나만 그렇게 생각 하나? 아마 아닐 거예요.

다른 직업을 가졌다면 그림을 그렸을 거예요. 제 집사람은 아직도 그림이나 크로키 활동을 합니다. 작업하는 걸 보면 저도 그림이 그리고 싶어져요. 그러다가도 그 마음이 자꾸 희석되는 것 같아서 서글프기도 하죠. 전시회를 할 정도는 아니더라도, 내 세계가 있는 그림을 그리고 싶어요. 광고는 제가 만들더라도 제 작품이라고 할 수는 없잖아요. 그래서 왠지 허전하고….

## 치열한 대화에서 찾는 절묘한 아이디어

우리 팀원들이요? 다들 저 무서워해요. 제가 경상도 사람이다 보니까, 완고해 보여서 그런지 무서워하는 것 같아요. 팀원들의 아이디어를 볼 때면 엄중 훈계하는 스타일입니다. 대놓고 바로 이야기합니다. 아이디어가 이거 가지고 되겠냐, 아트학원에 다시 다녀와야겠다, 이런 식이지요. 팀원들에게는 치명적이잖아요. 상처가 생기지요. 하지만 좋은 크리에이티브 선배는 일하는 방법이나 자신의 경험을 알려줘야해요. '이렇게 하니까 쉽게 끝나더라'는 식의 가능성을 넓혀주는 방법들이 많이 있잖아요? 광고주를 설득하는 방법이라든가, 아이디어 브리핑을 할 때 뭐가 문제인지 얘기해주고 파는 방법을 고쳐준다든지… 책에서는 얼

● 혼자 책상에 앉아서 생각하는 것 보다는 대화하면
서 아이디어를 많이 얻어내는 편이지요. 혼자 끙끙대
면 아이디어도 않고 검증이 잘 안되잖아요.

을 수 없는 것을 많이 이야기해주는 편입니다. 무조건 면전에서 괴발 개발하며 윽박지르면 반감만 삽니다. 얼마나 집중하고 열의가 있느냐 그 차이지….

저는 이야기하는 과정에서 아이디어를 많이 얻어요. 혼자 책상에 앉아서 생각하는 것 보다는 대화하면서 아이디어를 많이 얻어내는 편이지요. 회의하면서도요. 혼자 앉아서 끙끙대며 적지 않아요. 평소에 책도 많이 읽지만 아이디어를 내야겠다 싶으면 그 안에서 잘 나오지 않더군요. 그런 식으로 성공한 적은 별로 없어요. 혼자 끙끙대면 아이디어도 얇고 검증이 잘 안됩니다. 자기생각에만 빠져있기 쉽고.

## 죽은 제품에 생명을 불어넣다

저는 빌 번버크Bill Bernbach가 한 이 말을 아주 좋아합니다. 'Our job is to bring the dead facts to life.' 우리의 임무는 눈에 띄지 않고 죽어 있는 사실에 생명을 불어넣은 것이다… 철학이 있죠. 감히 우리가 표현할 수 없는… 그리고 국내에서는 웰콤의 박우덕 사장님을 좋아합니다. 직접 뵌 적은 없지만 그분의 광고를 보면 표현하는 재주가 남다른 것 같아요. 사람을 끌어당기는 재주랄까… 열정도 그렇고.

광고는 논리적으로 사람을 설득하는 과정이에요. 그렇지 않으면 만들어 낼 수도 없죠. 대개 비슷한 상황이잖아요. 충분히 이해가 되지 않더라도 사람을 믿고 한 번 맡겨줬을 때, 그리고 그 결과물이 큰 영향력을 발휘하면 용기를 얻게 되지요. 이렇게 하면 되겠구나, 하고 힘을 주신 분은 뱅뱅에 계셨던 한 실장님입니다. 제 아이디어에 감이 왔는지 밀어 주셨어요. 실장님이 사장님께 직접 찾아가셔서 '이거 한 번 해봐야겠습니다' 라고 세 번이나 말씀을 드려 주셨습니다. 간곡한 청 끝에 사장님께서도 믿어주셨죠. 그렇게 만든 것이 뱅뱅 아이젯 광고입니다. 고등어가 청바지를 입고 있는 거 있잖아요? 기억하실런지 모르겠습니다. 어린 마음에 '하고 싶은 생각만 있다면 기회는 얻을 수 있다'는 생각으로 열심히 했어요.

저는 스카이 광고가 참 부럽습니다. 아이디어도 너무 좋고요. 물론 광고를 하려면 제품과 조건이 맞아야 하죠. 트렌드에도 맞아야 하고… 처음에 방향을 너무 잘 잡았기 때문에 매력적인 캠페인이 된 것 같아요. 저 뿐만이 아니라 많은 크리에이터들이 다들 하고 싶어 하는 광고죠. 하지만 구관이 명관이라고 잘된 캠페인을 이어 받는 건 자살행위에요. 잘해봐야 본전입니다. 대부분 힘들어하더군요. 오히려 전 가능성 있는 브랜드가 있다면 처음부터 맡아서 훌륭한 캠페인으로 빛을 내고 싶어요. 기회가 많잖아요. 너무 얄팍한 생각인가요?

서정환 감독, 김수 감독, 수요일 감독, 그리고 박준원 감독은 감각도 있지만 성실하게 최선을 다해요. 크리에이티브 디렉터들은 마케팅적인 사고를 지니고 있는 감독들을 좋아하지요. 단순히 아트만 생각하는 게 아니라 광고주들에게 어필을 잘 할 수 있는… 연륜 있는 감독들은 그걸 잘 알고 항상 잘 뽑아내잖아요. 포토그래퍼는 하도 많아서 이름을 다 기억을 못하는데 정금화, 준초이 등 아마 다른 분들도 얘기했을 거 같은데요.

## 크리에이티브로 마케팅을 장악하라

크리에이티브 디렉터에게는 능력이 곧 권한이에요. 능력에 따라서 크리에이티브 디렉터의 자질이 정립되어야 합니다. 가끔씩 외국에 가서 다른 나라 CD들이 브리핑을 하는 걸 보면 마케터를 훨씬 능가하는 전문적인 지식을 가지고 있는 것 같아서 놀라워요. 단순한 크리에이터가 아닌 더 넓은 차원의 커뮤니케이터여서 그런지 마케터 이상의 능력을 가지고 있는 사람들이 있더라고요. 그러니까 크리에이티브 디렉터는 따로 있다고 봅니다. 자질만으로는 크리에이터가 될 수 없습니다. 크리에이터 출신이 꼭 CD가 되는 것은 아닌 것 같아요. 그야말로 시장을 꿰뚫어보는 눈과 판단력, 앞을 보는 혜안을 갖고 있는 마케팅 디렉터 역할을 해야 합니다. 지금까지 크리에이티브 해왔으니까 어느 정도 연한이 차면 크리에이티브 디렉터 해라, 우리나라는 그런 경우가 대부분이에요. 저도 그 쪽른 경우죠.

우리 광고계에는 크리에이티브 디렉터를 훈련시키는 과정도 없고, 그에 대한 회사의 배려도 없습니다. 옛날에는 대행사에서 교육도 많이 시켰지요. 그런데 요즘은 아예 사람을 안 뽑잖아요? 그냥 느낌으로만 이야기하는 그런 부분들이 안타깝고… 요즘 AE들은 자기들이 없어도 스스로 전략을 세울 수 있는, 그런 CD를 선호합니다. 사실 지금은 별로 그렇게 되어있지 않아요. 크리에이티브 디렉터가 대행사의 꽃이라지만 과연 그런 능력과 자질을 갖춘 이들이 몇이나 될까요? 별로 없죠.

광고업계는 정보가 치열하잖아요. 정보가 치열하다 보니 스스로 공부를 하려고해도 그럴 여건이 안 되다는 게 많이 아쉽습니다. 회사에서 길게 내다보고 투자해야 하는데, 잘 안 하고 있어요. 가장 큰 문제점은 회사에서 크리에이터는 안 키워도 된다고 생각한다는 것입니다. 외부에서 데려와 쓰면 되지, 하는 식이지요. 결국에는 메이저급 대행사들이 광고시장을 지키고 키워나가야 하는데, 서로 사람만 가져다 쓰겠다면 나중에 데려올 사람은 어디 있겠습니까?

제작현장은 처음부터 끝까지 무조건 챙겨야 해요. 하나라도 놓치면 엉뚱한 곳으로 빠지더라고요. 크리에이티브 디렉터는 만들어야 할 그림을 그리고 구현해내기 위해서 모든 것을 조합하잖아요. 그 전 과정을 처음부터 끝까지 챙겨야 한다고 생각합니다. 저는 그런 부분에 있어서는 철저한 편이고. 누구의 의견을 수렴해서 하는 스타일은 아닙니다. 어차피 독단적으로 될 수밖에 없는데, 머릿속에 있는 그림은 방향만 공유할 뿐이지 100% 다 같이 이해할 순 없지요. 스스로도 그 결과물을 완벽하게 예측하고 시작하진 않지만 그 가능성을 현실로 만들어 가는 거죠. 의견은 참조하되 흔들려선 안 된다는 겁니다. 끝까지 소신을 지켜야 합니다. 결과는 CD, 자신의 몫이기 때문입니다.

대홍기획은 한 팀이 일곱 명이에요. 분위기는 참 좋습니다. 대홍이 원래 좀 가족적인 전통을 가지고 있지요. 대행사는 따뜻한 분위기가 필요한 것 같아요. 그런 분위기라야 크리에이티브도 잘 나오는 것 같고요. 서로 경쟁하면서 혼자서 생각한다고 빅 아이디어가 나오는 것은 절대 아닙니다. 옛날에는 아이디어가 나오면 서로 검증받곤 했어요. '이 아이디어는 어떤 것 같아? 괜찮지 않아?' 그러면 스스럼없이 아이

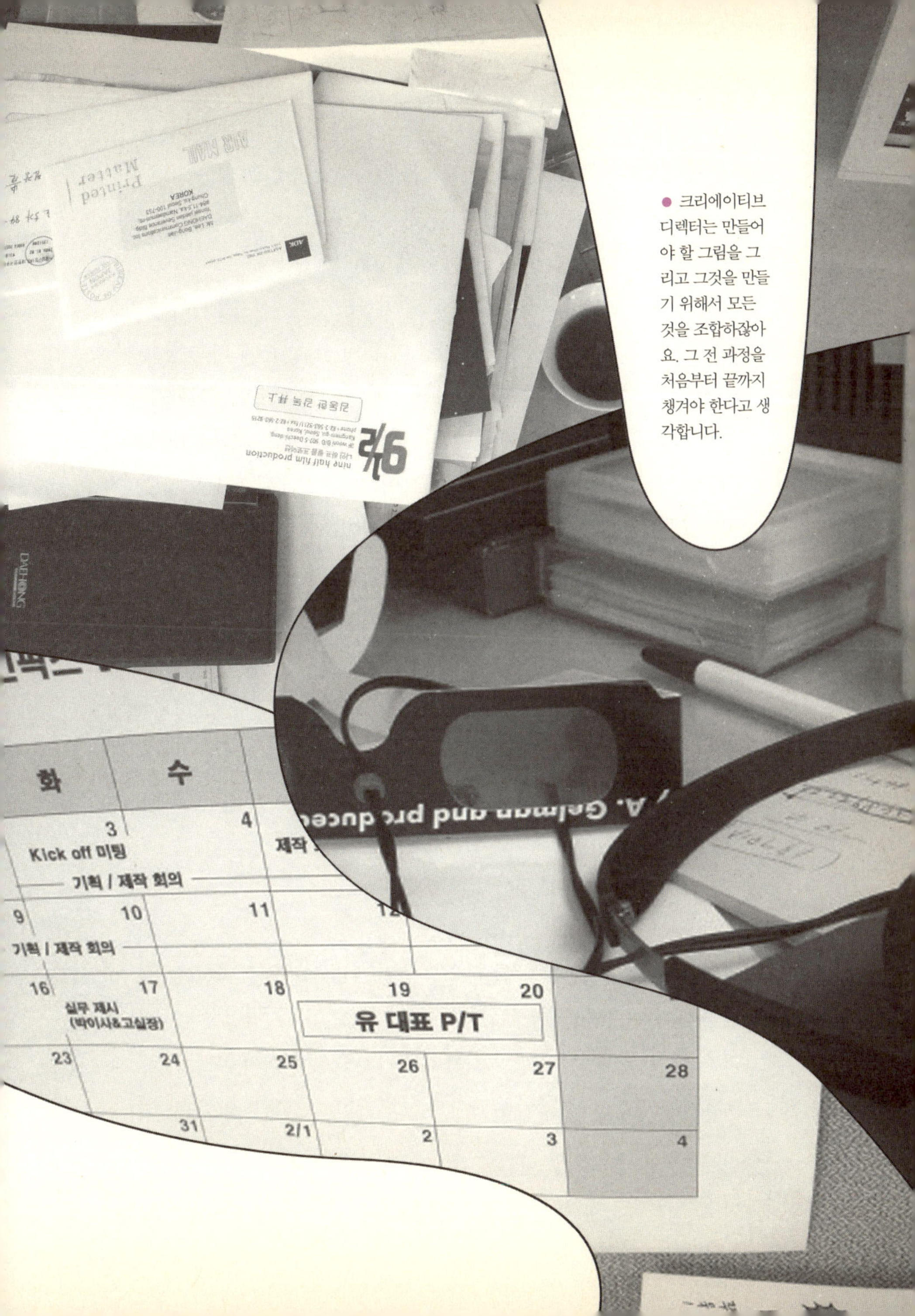
● 크리에이티브 디렉터는 만들어야 할 그림을 그리고 그것을 만들기 위해서 모든 것을 조합하잖아요. 그 전 과정을 처음부터 끝까지 챙겨야 한다고 생각합니다.
유 대표 P/T
Kick off 미팅
기획 / 제작 회의
기획 / 제작 회의
실무 제시
(박이사&고실장)

디어를 보태 주거나 자기 아이디어를 얘기했었는데, 요즘은 그런 부분이 많이 없어졌어요. 자기 아이디어만 딱 내놓고 작성한 문서로 평가받아야 되는 줄 아니… 생각이 얕아질 수밖에 없죠.

광고주야 많죠. 무척 많이 갖고 있기는 한데. 전자부문이나 자동차부문 이런 게 없으니까 눈에 띄는 게 없나 봐요. 눈에 띄는 광고주들이 좀 있어야 광고가 파워를 지니고 대행사도 부각되기 마련이거든요. 특히 요즘 같은 시기에 휴대폰이나 자동차 같은 광고주들이 있어야 회사가 두각을 나타내는데… 잘 안 보이지요? 그래서 상복도 없는 거고… 대형 광고 시리즈도 해야 하는데 말이에요. 저도 이번에 대한민국 대전 심사를 갔다 왔지만 심사후보를 진정한 크리에이티브로 잘 안 봐주더라고요. 광고물마다의 크리에이티브를 평가하는 것이 아니라 사이즈 크고 시리즈로 나온 것에 일단 점수를 주고, 훤하고 깨끗하게 된 것에 점수를 주고… 심사가 좀 그렇더라고요. 탈락한 것 중에 입상작보다 아이디어가 좋은 것들도 많아서 아까웠어요. 심사를 가보니 그렇더군요. 아쉬워요.


## 미안하다. 끝까지 한번 가보자

안타까운 일이지만 이쪽 일이 도서관에 앉아서 공부를 열심히 한다고 되는 게 아니잖아요. 현장에서 몸으로 부딪히면서 직접 배우고 연마해야 하죠. 학생들에게 그런 기회가 주어지지 않는 현실이 안타깝습니다. 옛날에는 인턴도 꽤 많이 뽑았어요. 크리에이티브 쪽만 해도 PD, 카피라이터, 디자이너까지 꽤 많이 뽑았는데… 지금은 뭐 한두 명 뽑을까? 없으면 안 뽑고. 그렇다고 꼭 뽑기 위해서 하는 것도 아니고… 어떻게 하던 간에 작은 회사라도 들어가야 합니다. 크리에이티브 부띠끄라도. 거기에서 배워야 해요. 빨리 경력을 쌓으면서 배우면 기회를 찾기 쉽죠. 어차피 젊은 친구들을 보면 우리들보다 훨씬 더 문화적으로 많은 경험을 하고 있으니까 그런 부분에서는 별로 충고할 게 없고… 훨씬 더 잘 할 거라고 생각합니다. 마음가짐이죠. 이거 아니면 저거라는 식이 아니라, 끝까지 한 번 물고 늘어지는 거 말입니다. 기회가 오든지 안 오든지 간에.

강원도에서 계속 편지를 보내오는 학생이 있었어요. 제가 만든 광고를 봤다면서 그 광고를 이런 식으로 바꿨으면 어떻겠냐는 식의 편지가 왔어요. 궁금증이 생기더군요. 재미있었어요. 그런데 나중에 본색을 밝히는 거예요. 자기가 아이디어를 내겠다고, 일을 할 수 있는 기회를 얻었으면 좋겠다고요. 그래서 제가 조그마한 곳을 소개시켜줬어요. 그런 식으로라도 자기 스스로를 광고할 줄 아는 마음가짐이 필요한 것 같아요. 열정만 있다면 아이디어는 나오는 거고, 도전해 볼 필요가 있죠. 누구한테 기대지 않고 스스로 찾는 의지와 열정, 그 친구가 진짜 광고인이지요. 광고라는 게 사람 마음을 움직이는 것이잖아요? 그게 광고에요. 그렇잖습니까? 광고하는 사람은 자기 스스로를 광고 할 줄 알아야 해요. 자기를 광고하는 법을 깨달으면 기회는 오기 마련입니다.

제가 생각하는 크리에이티브죠.

에 이 리 한 만 다

강력한 악센트 하나가 좋습니다. 강력한 인상을 남길 수 있는 것.

상 던 상 다 력 나 긴

현란하고 휘황찬란한 것보다 심플하지만

세 없 세 기 강 하 남

는 을

**Lee Jung Rack**

다음 ● 삼성 싱크마스터 ● S-Oil ● 대교눈높이 솔루니 ● 빈폴 ● Show
세상에 없던
세상이 기다리는
SHOW를 하라
SHOW

## 멀리 더 멀리 나를 찾아간다, 다음에서 만납시다

이정락 상무는 이 책의 첫 인터뷰 대상자였다. 까다롭다고 알려져 있는 크리에이티브 디렉터들과의 인터뷰들을 어떻게 꾸려나갈지 확실한 원칙을 정하지 못한 상태여서 아주 어색하고 머쓱한 질문들을 던졌는데도 그는 너무나도 친절하고 따듯하게 인터뷰에 응해 주었다.

1998년 1월 득도한 것처럼 보이는 광고 한편이 방송을 타기 시작했다. 화면에는 산사의 한 스님이 좌선하고 있고, 첫 장면의 자막에서 스님의 이메일 주소가 보인다. 음향은 마치 방송사고 난 것처럼 대나무 부딪히는 바람소리만 들리는데 화면에 한자씩 자막이 뜬다. "인간+우주+삼라만상, 전 세계 한글정보를 다 찾는다." 여기에 한 걸음 깊게 들어가 내레이션이 들린다. "멀리 더 멀리 나를 찾아간다. 다음에서 만납시다."

아니 누가 이런 해괴한 아이디어를 냈단 말인가. 이 해괴한 광고를 만든 이정락 상무는 2년 뒤 또 다른 스타일로 포털사이트 다음daum을 업계 1위에 올려놓는 감동적인 광고를 발표했다.

아직은 넘어야 할 벽이 많습니다
인터넷이 마음의 벽을 허뭅니다
다음에서 만나자

영화 〈공동경비구역JSA〉에서 보던 판문점 세트에서 유레카의

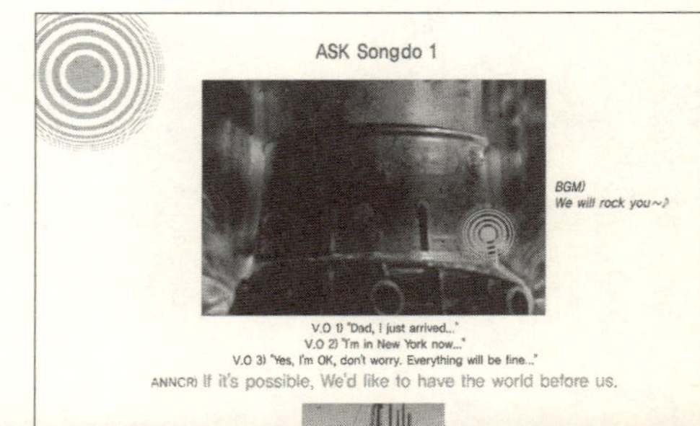

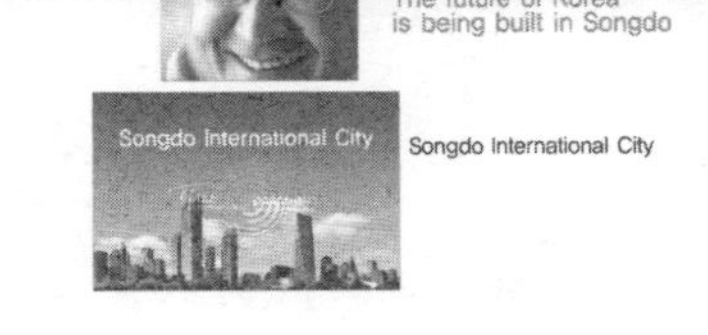


김규환 감독과 함께 만들었던 이 광고는 상당히 많은 사람들의 관심을 끌었다. 아무리 남북대치 상황이라 하더라도 언젠가는 인터넷에서 아무 제약 없이 만날 수 있을 것이다. 카피와 비주얼이 주장하는 바가 사람들의 기대와도 일치했기 때문에 마치 영화를 보듯 이 광고를 즐긴 사람들이 많았다. 덕분에 광고주는 2000년 당시 국내에서 선두를 굳건히 차지하고 있었던 야후를 밀어내고 잠시 기쁨을 느낄 수 있었다. 물론 이후 몇 편의 후속작이 있었으나 판문점 편이 남긴 충격을 넘어서긴 어려웠던 것 같다. 그리고 광고대행권은 대홍과 플렌즈어헤드로 넘어가고 유머소구로 바뀌며 젊은 타깃들과의 가벼운 소통에 더 치중하는 것으로 보였다.

또한 아주 오래 동안 익숙한 안성기와 이현미를 재기용한 프리마 광고 시리즈도 잊을 수 없을 것이다. 두 사람의 앙상블은 80년대 중반부터 소비자들에게 친숙한 높은 호감도의 광고 시리즈였다.

당신 알아? 당신이 얼마나 소중한 사람인지

아내는 여자보다 아름답다

커피엔 언제나 프리마

블랙커피를 마시는 사람들도 늘어났지만 콜레스테롤 등 웰빙, 로하스LOHAS* 열풍 속에서 프림은 더 이상 갈 곳이 없는 게 사실이다. 그런 악조건 속에서 프리마는 소비자의 기억을 상기시키며 시장에 재진입한 것이다. 중후한 안성기

Lifestyle Of Health And Sustainability 건강과 환경을 해치지 않는 라이프스타일을 말한다. ★

의 음성으로 "아내는 여자보다 아름답다"는 멘트를 들을 때 대한민국의 많은 아내들은 기꺼이 커피에 프리마를 다시 타먹게 된다는 설정이었다.

이정락 상무가 미국으로 1년간 연수를 다녀와 제일기획에 복귀한지 얼마 안 된 시기에 인터뷰가 진행되어서 당시 진행 중인 캠페인은 별로 없다고 했다. 연수를 떠나며 담당하던 품목들을 동료나 후배 크리에이티브 디렉터들에게 다 넘겨주어서 새로운 경쟁PT에 참가하여 광고주를 영입하기 위해 노력 중이라는 것. 인터뷰 후 원고를 다시 정리하며 그의 최근 작품 리스트를 찾아보니 KTF와 S-Oil, 대교 눈높이수학 솔루니, 빈폴, Show의 광고를 맡고 있었다.

첫 만남에서 이 상무는 무척 패셔너블해 보인반면 ROTC 장교출신이라고 밝혀 놀라웠다. 사실 그는 광고에 관심이 없었다. 막상 군대 갔다 오니까 갈 곳이 없었다고 한다. 전공이 디자인이었기 때문에 광고로 한번 승부를 걸어보고 싶다는 생각을 해본 적은 있지만, 그게 절대적인 바램은 아니었다. 그래서인지 사실 광고회사에 들어가서도 5년 정도는 많이 갈등했다고 한다. 광고가 과연 가치 있는 일인가에 관한 갈등을… 광고의 원칙 중에 정직하게 말하고, 정확한 사실로 소비자를 설득시켜야 한다는 것이 있다. 이정락 상무가 처음 광고를 시작할 때만 해도 사실 이 원칙을 지키지 않은 광고들이 많았다. 그게 싫어서 기회만 생기면 다른 걸 해보려는 생각도 했었다고 한다. 그러나 결국 지금까지도 광고계를 떠나지 못하고 있다. 특별한 동기는 없었지만 시간이 지날수록 같이 일하는 사람들이 너무 좋았고 그들의 열린 사고에 마음을 같이 했다.

제일기획의 다른 크리에이터와 부하직원들에게 이정락 상무의 특징에 대해서 물어보았다. 그는 제일기획에서 아주 좋은 평판과 존경을 받는 광고인이었다. 많은 후배 크리에이티브 디렉터들을 키워 낸 대선배님으로 불리고 있었다. 현재 제일기획 내의 수많은 크리에이티브 디렉터들, 혹은 주니어 크리에이티브 디렉터들이 이정락 CD 팀에서 크리에이티브 디렉터 수업을 받았다고 한다. 그의 깊이 있는 크리에이티브와 리더십은 많은 후배들을 조련하기에 충분하다는 평이었다. 이정락 상무는 인터뷰 당시 멋진 블랙룩으로 패션에도 자신 있는 크레이터임을 은근히 드러냈다.

## 대화에서 찾는 심플하지만 강력한 하나

패션을 중요하게 생각하죠. 저는 개인적으로 이태리 디자인을 좋아하는데요. 제 몸의 곡선에 딱 맞는 것 같아요. 그래서 좋아요. 그리고 제가 소화 할 수 있는, 그리고 다른 사람 보기에도 좋은 옷을 입으려고 합니다. 제 별명이 블랙맨 이예요. 검은색 옷만 입는다고. 그리고 블루 칼라도 무척 좋아해요. 저는 현란하고 휘황찬란한 건 별로 좋아하지 않고요. 심플하지만 강력한 악센트 하나가 좋아요. 광고도 그런 식으로 합니다. 물론 크리에이티브 디렉터는 포괄적으로 사고해야하지만, 신재환 전무님께서 말씀하신 '인상' 이라는 것을 중요하게 생각합니다. 개인적으로 인상이 강한 광고를 좋아하거든요. 물론 카피도 중요하고 아트도 중요하지만, 커뮤니케이션 입장에서 보면 아무래도 비주얼 언어가 더 쉽다는 거죠.

그래서인지 박우덕 사장님 스타일이 좋아요. 최인아 전무님도 잘하시는 것 같고, 박웅현 씨도 후배지만 너무 잘하고요. 저는 TBWA의 아이디어들을 좋아합니다. 광고 스타일이 저마다 개성이 있고, 스타일도 뚜렷하죠. 세분 다 개인적으로도 좋아하지만 광고를 통해서도 배울 점이 많은 분들이죠. 그 중에서도 가장 부러운 분은 박우덕 사장님입니다. 그분은 일단 작품에 대한 열정이 대단하세요. 크리에이티브 부띠끄로 시작해서 우리 광고계에 지대한 영향을 끼쳤다고 생각합니다. 그래서 더더욱 높이 평가 해 드리고 싶은 분이시죠. 광고 자체도 '박우덕 스타일' 이라는 걸 만들었잖아요. 물론 이제는 그것마저도 뚫어야겠지만, 소위 뜨는 광고를 많이 만드셨죠. 광고 자체가 옛날에 비해 풍성해졌고, 볼륨감이 더해졌어요. 우리나라 광고의 흐름을 바꾸신 분이라고 생각해요.

아트워크는 포토그래퍼 박상훈과 호흡이 잘 맞습니다. CF감독으로는 김규한 감독님. 그림도 물론 잘 뽑아내지만 음악을 아는, 소리와 영상을 잘 맞출 줄 아는 정말 멋진 감독이죠. 박명천 감독도 좋아해요. 박 감독의 언제나 새로운 생각들이 정말 좋아요. 또 서정환 감독의 유쾌함, 밝음도 좋지요. 항상 즐겁게 작업을 할 수 있거든요. 그리고 아이러니컬하게도 언제나 고민이 많은 지덕엽 감독도 좋아요. 지 감독은 나름대로 고집이 있어서 많이 싸우기도 하지만 정말 훌륭한 감독입니다.

아이디어를 찾을 때는 대화를 많이 하는 편이에요. 혼자서 생각하다가 이야기하고, 또 생각을 정리해서 다시 대화해보고… 이 과정을 반복하다 보면 결국 키워드가 발견돼요. 예전에 남경호라는 파트너가 있었는데 같이 계곡에 가서 평상에 누워서도 일하고 그랬거든요. 그런데 요즘은 그럴 여유가 없어요. 그래서 회의하고 혼자서 정리하고 또 회의하고 그런 식이죠. 운전하면서 생각을 많이 정리해요.


## 문화에 열린 사고로 세계와 소통하다

동서 프리마 광고는 오래 진행해서인지 가장 기억에 남아요. 그 외에도 포털사이트 다음 캠페인들, 그 광고를 통해 당시 부동의 1위였던 야후를 깼었죠. 이순신 편부터 판문점 편까지… 그리고 요즘에는 싱크마스터 광고에 애착을 갖고 있어요. 왜냐하면 이게 국내광고인데도 불구하고 해외에 팔린 광고거든요. 광고가 수출 된 드문 경우죠. 사실 이 광고는 시작 포인트 자체가 포맷을 바꿔 보자는 거였습니다. '한국에서만 통용 되는 걸 만들지 말고 세계적으로 통용되는 것을 만들자' 라고 했는데 다행히 광고주가 사줬고, 실제로 제작하게 되어 이렇게 좋은 결과까지 올 수 있었죠. 의미 있는 광고라 애착이 많이 가는 게 사실입니다.

그런데 국내광고들은 스타일들이 다 조금씩 닮아있는 것 같아요. 환경적으로도 어쩔 수 없는 게 사실이긴 하죠. 광고주 설득이 제일 중요한데 이게 정말 어려우니까요. 그리고 자수성가한 CEO들은 자기 주관이 너무 뚜렷해서 그걸 깨기가 정말 힘들어요. 우리의 현실적인 제약들이 많이 답답하죠. 한국의 크리에이터들도 외국에서 뛰어나다는 그들 못지않은 아이디어를 낼 수 있지만 완고한 광고주를 돌파하지 못하는 한계와 설득력의 부재가 아쉬워요.

예전에는 CD가 컨셉 잘 잡아서 TV, 신문 광고만 잘하면 됐었는데 요즘은 크리에이티브 디렉터의 역할이 점점 확장되고 있죠. IMC[*] 차원에서 접근해야 하고, PT도 직접 해야 하고, 전체적인 조율도 해야 하고 그야말로 종합 오케스트라 지휘자가 되어야 해요. 깐느나 클리오 같은 세계적인 광고제에 가서 봐도 수상의 카테고리 자체가 달라졌잖아요. 실제로 매체환경이 바뀌고 있다는 거죠. 그럴수록 문화에 항상 열려있어야 해요. 저는 영화를 너무 좋아합니다. 뮤지컬, 오페라도 돈만 있으면 계속 볼 것 같아요. 특히 라이브 음악, 너무 좋죠. 그리고 영화의 상상력, 화법 등이 많은 도움이 된 것 같아요.

[*]integrated marketing communication 장기적이고 효율적인 마케팅을 위한 매체 통합적인 커뮤니케이션 전략

# 당신의 경쟁상대는 누구? show!

더 이상 광고 크리에이터들만이 경쟁상대가 아니에요. 예전에 제가 신입 AP*들과 이야기하다가 "누가 너희의 경쟁상대냐?"고 물었어요. 삼

★Assistant planner Chief Planner와 함께 광고 아이디어를 내는 직책

성전자라면 좁게는 LG전자, 조금 넓게 보면 노키아, 소니가 경쟁상대라고 생각하기 쉽지만, 결국 광고의 경쟁상대는 처음 출발점부터 다르게 봐야 한다고 생각하거든요. 예를 들면 영화, 드라마, 아트가 광고의 경쟁상대가 될 수 있다는 거죠. '누가 이 사회의 이슈를 만드는가?' 에 주목해서 경쟁상대를 봐야 해요. 광고의 출발점을 다르게 보자, 광고의 영역을 넓히자, 광고의 역할을 다르게 바라보자, 그런 이야기들을 많이 하죠. 어쨌든 역할론에서 출발해서 그 방향을 잘 조율하고 감독하는 것이 결국 크리에이티브 디렉터들의 역할인 것 같습니다.

주말마다 야채를 기릅니다. 조그마한 텃밭이 하나 있는데, 사실 어른이 계셔서 강제로 사역하는 거죠. 그런데 어느새 그게 취미가 되었어요. 꿈이 하나 있다면 천연 원자재만 가지고 제 손으로 집을 지어보고 싶은 겁니다. 목수 일을 좀 배워서… 제가 강원도 영월에 자주 가는데, 그 곳에 정말 손재주 좋은 분이 돌과 나무만으로 집을 지으셨어요. 크지는 않지만 신기하고 좋더라고요. 그 집 보고 감명 받았어요. 저도 언젠가 죽기 전에 꼭 지어볼 겁니다. 예전에 사주를 본적이 있는데 제가 '나무' 래요. 그래서인지 몰라도 저는 나무를 정말 좋아해요. 아마 광고 일을 안했다면 나무와 관련된 일을 하지 않았을까 싶어요.

라

력
한
를
려

찰
로
연
대
돌

통
으
당
기
따



**Lee Hyun Jong**

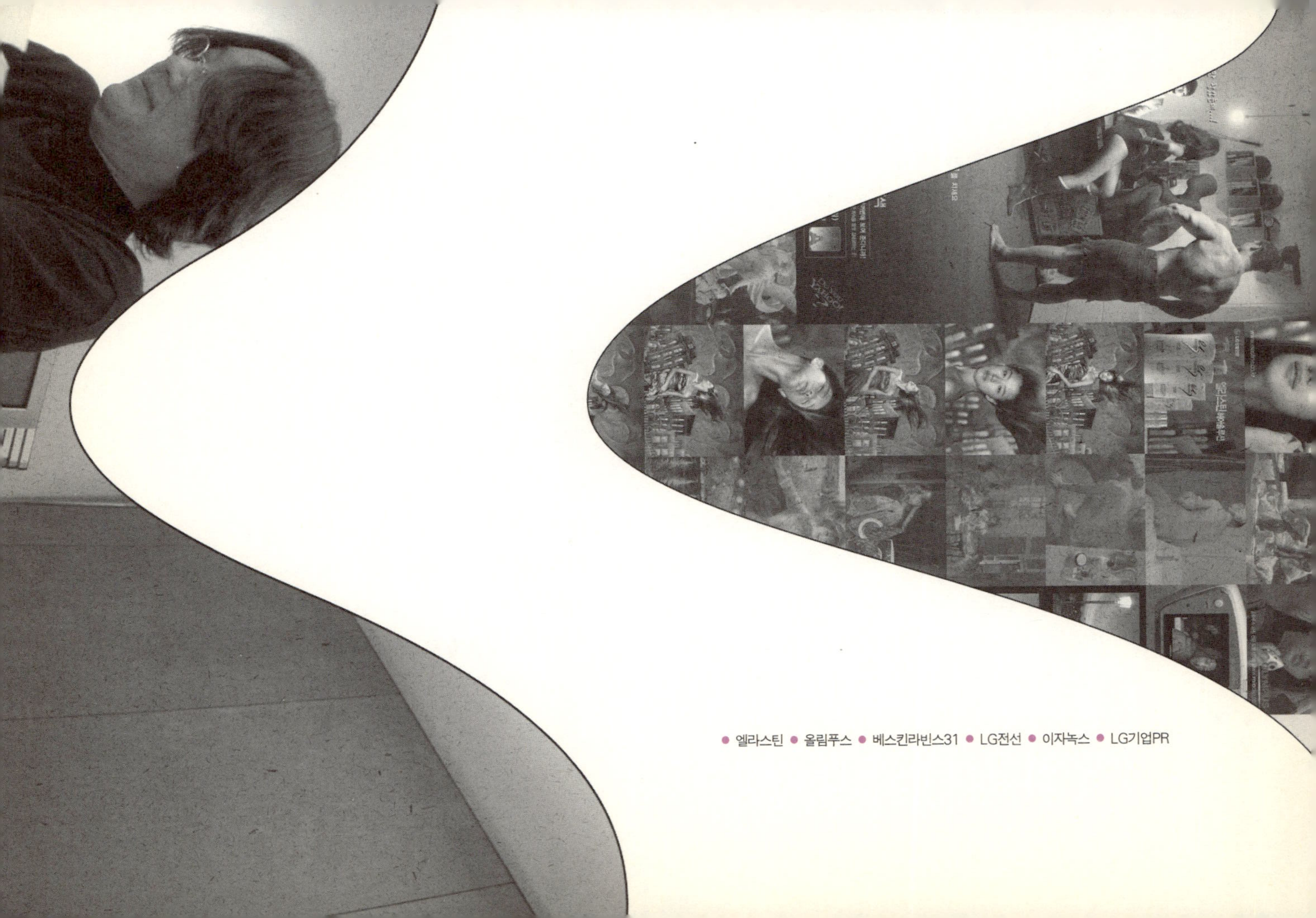
● 엘라스틴 ● 올림푸스 ● 베스킨라빈스31 ● LG전선 ● 이자녹스 ● LG기업PR

# Look! 최고의 영상미

카피라이터로 입문하고 2~3년간 방황했다는 이현종 사장. 수많은 고참 광고인들이 다 그러했듯이 처음부터 광고를 하려 했던 것도, 카피라이터가 되려 했던 것도 아니었다. 우연한 기회에 광고회사에 발을 들여 놓게 된 그는 지금 대한민국 광고계에서 상당히 중요한 역할을 하는 크리에이티브 디렉터이다. 트렌드에 목을 맨 얄팍한 광고보다는 광고가 나아가야 할 모습을 보여주는 광고를 좋아한다는 이현종 사장. '사람을 공부하는 광고인'이라는 별명이 잘 어울리는 그는 사람들과의 관계 속에서, 스텝들과의 대화를 통해 아이디어를 얻곤 한다.

서구적인 아이디어에 한국적인 정서를 심어 대한민국 광고대상에서 금상을 받았던 LG전선의 인쇄광고 시리즈를 좋아하는 그는 광고로 잘 알려지지 않은 회사를 알리고, 그로 인해 광고주가 좋은 인재들을 채용할 수 있게 되어 보람을 느낀다고 했다. 포장이 잘 된 광고, 유머러스하고 재치있는 광고가 전부가 아니라는 생각을 가지고 자신만이 생각하는 방법으로, 그 길을 따라 조금씩 걸어 나가고 있는 그를 보고 있노라면 무림의 고수들에게서나 느낄 법한 고요한 아우라를 발견할 수 있다.

대학에서 신문방송학을 전공하며 방송반 활동에 몰두하다 언론사 취업을 준비하던 이현종 사장은 운명이 이끄는 대로 LG애드에 입사하게 되었고 카피라이터로 보직 이동 후 수 많은 히트작을 냈다. 인터뷰 당시에는 웰콤으로 직장을 옮긴 지 그리 오래 되지 않았고, 최근 다시 LG에서 만든 제작전문회사 와이즈벨의 사장으로 부임했다고 한다. 이현종 사장은 막상 카피라이터가 되고나서 광고에 그다지 큰 흥미를 느끼지 못했다고 한다. 언제고 기회만 닿으면 방송 쪽으로 다시 직업을 바꾸고 싶었던 그의 인생에 터닝포인트가 찾아왔다. 일본 최고의 광고 대행사인 덴쯔에서 일주일간 연수받을 수 있는 기회가 주어진 것이다. 사람들의 운명은 때로 이렇게 아주 작은 경험에 의해 좌우되기도 한다.

이 사장의 대표작 중 누구나 기억할 만한 것은 단연 엘라스틴, 올림푸스, 그리고 독특한 크리에이티브로 많은 인기를 끌었던 베스킨라빈스31의 영화 제목 패러디 시리즈일 것이다. 필자가 개인적으로 가장 좋아하는 그의 작품은 고흐의 터치를 연상시키는 강렬한 붉은 유화 배경에서 모델 전지현이 마치 그림 속 인물이 살아 움직이는 것 같았던 엘라스틴 헤어솔루션 광고이다. 죤앤룩의 채은석 감독과의 작업이었고 배경음악은 영화 〈열정과 냉정사이〉의 OST였다. 영상과 음악이 완벽하게 조우하는 느낌이 좋아서 당시 열심히 편집실에 전화해서 누구의 작품인지 확인했던 기억이 난다. 카피라이터 출신의 크리에이티브 디렉터가 이토록 감각적인 영상미가 돋보이는 광고를 만들었다는 게 신기했다.

그의 또 다른 주요작품으로 역시 전지현을 메인 모델로 집행되던 디지털 카메라 올림푸스를 들 수 있다. "마이 디지털 스토리"라는 슬로건으로 진행된 이 시리즈는 항상 멋진 배경음악으로 젊은 층의 사랑을 독차지했다. '벌써 일년' '겨울 이야기' '연인' '너에겐 난 나에게 넌' 등 들으면 바로 홍얼거릴 수밖에 없는 노래들을 족집게처럼 찾아내어 삽입했던 이 시리즈는 셀프카메라의 느낌으로 편집이 되었는데 제품의 속성에 대한 표현 렐러번스도 훌륭하였다. 대한민국 CF퀸이라고 불리는 전지현은 다양한 포즈와 뇌쇄적인 눈매로 항상 화면을 긴장 상태로 몰아가는 확실한 카드이다. 이전에 집행되던 "Eye Want" 시리즈를 훌쩍 뛰어넘는 "마이 디지털스토리"라는 컨셉으로 올림푸스는 한국 디지털 카메라 시장의 시장점유율 1위를 당당히 차지했다.

2004년 후반에 이 유명한 시리즈를 끝내고 이현종 사장은 모로코의 사하라 사막으로 떠난다. 그곳에서 유명한 사진작가를 모델로 올림푸스 E시스템 광고를 만들었는데, 이 또한 영상미가 압도적이었던 광고였다. 알파빌의 박상민 감독의 영상감각이 함께 어우러진 결과물로, 이현종 사장은 날카로운 감각으로 연타석 홈런을 날렸다. 이후에 담당 CD가 바뀌고 방향을 선회하여 섹스어필 광고를 두어 편 집행하다가 결국 대행이 바뀌었다.

그런 그가 개인적으로 사랑하고 또 많은 사람들도 기억하는 베스킨라빈스31 광고를 이야기해 보자. 이현종 사장이 담당하기 이전에도 베스킨라빈스는 재미있는 광고 시리즈를 내놓으며 크리에이티브 강한 브랜드로 알려져 있었다. 그리고 재미난 유머소구나 31가지 품목에 대한 말장난 시리즈 혹은 귀엽고 어린 모델이 주인공이 되어 펼치는 환상적인 동화 시리즈 등 이미 해볼 만한 소재는 다 사용한 탈진상태였다. 그러나 이현종 사장의 손을 거치면서 베스킨라빈스31 시리즈는 또 다시 기상천외한 크리에이티브로 세상을 놀라게 했다.

베스킨라빈스의 닉네임 시리즈는 아이스크림 이름에 ‘바람과 함께 사라지다’ ‘엄마는 외계인’ ‘아이 엠 샘’ ‘쉘 위 댄스’ 등의 유명한 영화 제목들을 붙여 호기심 전략을 펼쳤다. 그러나 이것이 광고 크리에이티브로 인정받았던 이유는 광고에서 실제 영화와는 아무 상관없는 다른 이야기를 능청스럽게 펼쳤던 것에 있다. 이 시리즈는 주진모, 김주혁, 박해일, 조승우 등의 빅 모델을 기용하여 자칫하면 주목받지 못하고 고개만 갸우뚱 거릴 수 있는 상황에서 밸런스★를 절묘하게 잡아냈다.

★ 아슬아슬하지만 유머를 통해 크리에이티브의 적합함을 인정받았다는 말

그가 개인적으로 자랑스러워하는 광고는 2003년 대한민국 광고대전에서 금상을 수상했던 LG전선의 ‘전선이 있는 풍경’ 이다. 4편의 시리즈 인쇄광고로, 얼핏 일본 광고 같기도 하고 동양화를 보는 듯 한 느낌의 카피를 자세히

보면 묘한 매력을 발휘하는 광고이다. 광고문안과 오브제, 그리고 레이아웃, 어느 하나 일류 아닌 것이 없었다. 이 광고는 시리즈를 모두 액자에 담아 벽에 걸어놓아도 좋을 만큼 완성도가 높았다. 필자는 이 시리즈를 레이아웃과 아이디어를 다루는 법에 대한 강의를 하는 텍스트로 사용하고 있다. 한 가지 아쉬운 것은 광고주의 매체비용이 적어 충분히 광고물이 노출되지 못했다는 것이다.

이현종 사장의 크리에이티브 디렉터 초창기 작품 중에 흥미로운 것은 LG생활건강의 이자녹스 광고이다. 필자 역시 프랑스 유학시절 2년간 파리에서 촬영한 이자녹스 광고에 라인 프로듀서로서 참여했던 기억이 있다. 당시 런칭은 LG애드와 제작사 킬리만자로의 박준수 감독이 책임지고 있었다. 이 브랜드는 탄생부터 타깃팅을 20대 후반부터 30대 후반까지 정해 놓고 고급브랜드 전략을 구사했는데, 파리에서 찍은 영상과 모델의 고급스러움이 맞물리며 빠른 시간 안에 시장에서 자리잡게 되었다. 이현종 사장이 2000년부터 3년간 담당한 이자녹스도 최근 CF감독으로 최고의 전성기를 누리는 차은택 감독이 데뷔 때부터 함께한 작품으로, 차 감독의 연출경력에 주요 필모그래피를 만들어준 브랜드이기도 하다. 이후에는 외국인 모델을 한국으로 불러 촬영하는 등 초반의 제작과 형태는 달라졌지만 기능성 화장품으로서의 정보제공에 충실하면서도 격조 있는 블루톤으로 이자녹스의 브랜드파워를 유지시켰다.

## 나중된 자 가운데 먼저된 자

제가 81학번인데요. 많이들 언론사에 꿈을 두던 시절이었습니다. 신문사 아니면 방송국 PD가 신문방송학과 학생들에겐 최선의 진로였어요. 그런데 언론사가 들어가기 쉬운 곳이 절대 아니더라고요. 고등학교 시절에는 방송반에서, 대학 들어와서는 신문사에서, 군대 가서는 AFKN에서 카메라를 다루고 편집도 하면서 기자 활동을 했죠. 특히 군복무 3년간의 방송활동이 제게 많은 영향을 미쳤습니다. 방송국 PD가 되고 싶었지만 시험에 떨어졌고 학점 순서대로 LG애드 추천서가 제 차례가 되었어요. 그렇게 우연치 않게 광고대행사에 다니게 되었습니다.

88년도에 공채로 LG애드에 입사했습니다. 신문방송학과 출신이어서인지 미디어 쪽에 발령이 났었어요. 매체 중에서 인쇄 쪽 지면을 구매하는 파트였습니다. 2년 정도 있다 보니 저와는 적성이 잘 안 맞더군요. 그만두고 방송국 시험을 다시 볼까도 했어요. 그러다 제작팀의 카피라이터라는 직종에 대해 알게 되었는데, 카피라이팅이 재미도 있고 제 적성에도 맞는 것 같더라구요. 한번쯤은 도전해 보고 싶다는 생각에 많이 졸랐어요. 징징 울어야만 될 정도로 직무 전환이 쉽지 않았습니다. 상사 복이 없으면 포기하고 나가야 하는 상황이었지요. 다행히도 당시 팀장님께서 배려해주셔서 입사동기들보다 많이 늦은 3년 차에 카피라이터로 처음 발을 들여놓게 되었습니다. 만약 이것도 적성에 맞지 않는다면 다른 일을 해 보겠다는 각오로 시작했고, 그때 저를 받아주신 분이 현재 농심기획의 조봉구 사장님이십니다. 그분이 카피라이터 출신이라 눈매가 무척 날카로우신데요, 혼도 무척 많이 나곤

했지요.

카피라이터로 입문하고 나서, 사보를 담당했는데 안일하게 생각했던 것 같아요. 적응도 딴 부서에서 했고, 텃새도 좀 있었고 해서 많이 고전했죠. 그러다보니 딴 생각도 들고 2~3년은 꽤 방황했어요. 대행사를 나와서 출판사를 해 볼까도 했고… 궁리를 많이 하던 시절이었습니다.

그러다 94년 말 일본 광고대행사 덴쯔로 일주일 동안 연수를 가게 되었습니다. 그런데 그 일주일이 그 누구도 제게 가르쳐주지 못했던 것들을 배운 특별한 시간이 될 줄은 몰랐습니다. 큰 자극이 되었으니까요. 이름은 잘 기억이 안 나지만 저와 나이가 같았던 아주 잘생긴 친구가 직접 진행한 캠페인들을 이야기해 준 깅이 나요. 덴쯔의 유명한 작품들을 정말 훌륭하게 만들었더군요. 카피 한 줄 한 줄이 기가 막히게 좋았습니다. 뛰어난 작품완성도에도 놀랐지만 만든 사람을 보고 더 놀랐어요. 젊은 사람이 벤츠를 맡아 독일 가서 광고를 따왔다는 등 성공 사례를 들면서 멋진 논리를 펼치니까 가슴 한쪽이 마구 쓰리고 아프더라고요. 배우러 왔다는 자체도 그랬지만 듣고 있자니 약이 많이 올랐어요. 그때 '광고란 정말 멋진 거구나. 나도 저런 광고를 만들 수 있을까?' 라는 생각이 들었습니다. 연수에서 돌아와 몇 년간은 완전히 다 잊고 광고에만 몰입했습니다. 그 후 2000년부터 크리에이티브 디렉터로 본격적인 활동을 했지요.

## 전선이 있는 풍경에서 바람과 함께 사라지다

조봉구 사장님 밑에서 수련 받을 때 제가 열심히 못한 건 사실이지만 그 분도 칭찬에 무척 인색하셨어요. 처음 칭찬을 들었을 때가 5년 차인가 6년 차 때였으니까요. 사람들은 대부분 기억 못하겠지만 처음 칭찬받은 광고라 감격적이었지요. 그게 바낙스라는 자연에 대한 애정과 철학으로 만들어진 레저스포츠 브랜드였죠. 저는 그런 브랜드 철학을 광고에 녹이고 싶었어요. 그래서 제시했던 슬로건 겸 헤드라인이 "바낙스의 어머니는 자연입니다"와 "바낙스의 아버지는 과학입니다"였어요. 무엇보다도 하늘같은 팀장에게서 처음 인정받은 광고라 기억에 남네요.

물론 엘라스틴이나 올림푸스를 많이 기억하시지만 개인적으로 기억에 남는 것은 베스킨라빈스의 닉네임 시리즈입니다. 아이스크림에 영화 제목을 붙인 '바람과 함께 사라지다' '엄마는 외계인' '아이 엠 샘' '쉘 위 댄스' 등이었어요. 광고주 입장에서는 굉장히 잘 만들었다 하겠지만 그게 아니었어요. 어려운 영어이름보다 네임 자체에 드라마가 있거나 호기심을 불러일으킬 수 있었으면 좋겠다고 제안했습니다. 결국 좋은 반응을 얻어 매번 제목을 찾고 내용은 영화와 전혀 다른 스토리의 유희 광고를 만들었어요.

지면 쪽에서는 역시 대중적이지는 않지만 하고 싶은 캠페인을 마음껏 해봤던 LG전선의 "전선이 있는 풍경"이 기억에 남습니다. 운 좋게도 상을 많이 받아서 아시는 분들도 꽤 많더군요. 2003년 대한민국 광고대상에서 금상까지 받았으니까요. 적은 광고예산으로 집행된 광

● "전선이 있는 풍경"은 적은 광고 예산으로 집행된 광고였기 때문에 더 존중받았으면 합니다. 실제로도 서구적인 아이디어에 한국적인 정서를 접목시킨 시도가 대학생들에게 좋은 이미지를 심어줬고 회사의 인재채용에도 많은 도움이 되었다고 하더군요.

고였기 때문에 더 존중받았으면 합니다. LG전선이 광고를 통해 그만큼 관심을 받았다는 게 많은 후배들에게 좋은 본보기가 되었으면 하고요. 실제로도 서구적인 아이디어에 한국적인 정서를 접목시킨 시도가 대학생들에게 좋은 인식을 심어줬고 회사의 인재 채용에도 많은 도움이 되었다고 하더군요.

우리나라 광고로는 SM5 시리즈가 좋았어요. "동의합니다"나 "추천합니다"는 광고가 가야 할 모습들을 잘 보여준 것 같아요. 트렌드나 스타일이 넘쳐나는 시대에 우격다짐의 얄팍한 광고들과 비교되면서 결국 이런 광고들이 살아남는 것이 좋아 보였습니다.

외국 크리에이티브들에게도 배울점이 참 많아요. 영어공부도 할 겸 독일에서 발행되는 광고전문잡지인 〈Archive〉에 있는 크리에이티브 디렉터들 인터뷰를 번역했었는데요. 캠페인에 임했던 자세나 광고관에 대한 글들을 읽으면서 많은 자극을 받았어요. 만나보지는 못했어도 몇몇 분은 저의 스승이나 마찬가지예요. 그 중에서도 카피라이터 겸 크리에이티브 디렉터인 데이빗 에벗은 본적은 없지만 굉장히 훌륭하다고 생각합니다. 실제로 서구사회에서 가장 존경받는 분이라고 하더군요. 지금은 은퇴하시고 소설을 쓰신대요.

아직까지는 크리에이티브 디렉터가 팀장과 같은 역할을 한다는 인식을 완전히 부인할 수 없어요. 외국처럼 처음부터 크리에이티브 디렉터로 키워지는 것도 가능하겠지요. 광고도 이제 한 브랜드를 책임져야 하니까요. 광고주 쪽에 브랜드 매니저가 있다면 대행사에서 그의 역할을 하는 사람들이 크리에이티브 디렉터입니다. 그리고 그러한 역할은 브랜드 관리 훈련을 받게 된다면 충분히 감당할 수 있다고 봅니다. 단지 크리에이티브적인 반짝임만으로 광고의 가치가 올라가던 시대는 지났으니까요.

극단적인 이야기긴 하지만 이탈리아의 프리미엄진 브랜드 디젤의 캠페인을 진행했던 스웨덴의 한 CD는 크리에이티브 디렉터 중심의 업무진행을 굉장히 중요하게 생각했어요. 물건을 팔기 위해서 크리에이티브 디렉터 중심으로 본질이 구성되고 거기에 마케팅 부서나 나머지 스텝들이 뼈와 살을 붙이는 식이죠. 캠페인 리더의 역할로 가는 겁니다. 뉴욕에도 이런 시스템으로 운영되는 곳이 있고, 브라질에서도 CD만 연봉제로 운영해서 광고산업의 핵심으로 자리잡은 광고회사가 있다고 하더라고요.

## 사람에 대한 공부, 인간에 대한 보고서

아이디어는 일에 대한 집중력, 애정에 대한 강도가 필요하기 때문에 어떻게 이끌어내고 모아 가느냐가 중요하겠지요. 특별한 것은 없지만 늘 좋은 크리에이티브에 대한 생각을 멈추지 않는 것이 제일 좋습니다. 항상 현상을 창의적인 시각으로 보려고 하고 사람의 이야기를 우리 업계에 어떻게 접목 시킬 것인가에 노력을 기울이지요. 제 생각에 가장 중요한 것은 '대화'인 것 같아요. 독자적으로 집중하는 시간도 필요하고 그것을 검증하는 시간도 있어야 겠지만, 일단 함께 일하는 스텝들과 대화를 나누다 보면 생각은 계속 발전하고 진보하고 화학 작용을 일으키게 됩니다. 대화를 잘 이용하고, 잘 이끌어나가는 것이 빛나는 크리에이티브를 얻기 위해 필요한 과정이 아닌가 싶네요.

차은택 감독과 제일 친해요. 나이 차이가 많이 나긴 하지만 그 친구와 제가 비슷한 시기에 입문을 했거든요. 본격적으로 중앙 무대에 데뷔했을 때 함께 일했습니다. 98년쯤에 이자녹스도 같이 찍었고요. 제게 이자녹스는 크리에이티브 디렉터가 되기 전에 맡았던 중요한 브랜드이기도 하지만 그 친구의 데뷔작이었기 때문에 더욱 각별하죠. 그후로도 같이 작업도 많이 하고 어려운 일이 있을 때에도 서로 돕고 있습니다. 또 한사람은 채은석 감독인데 같은 회사에 근무했기 때문인지 아주 친해요. 개성 있고 멋있는 사람이죠. 그리고 포토그래퍼로는 최명준 씨의 스타일을 좋아합니다.

요즘 많은 인재들이 광고보다 영화나 게임 등 다른 쪽으로 빠져나가는 것 같다는 이야기를 많이 해요. 문이 좁으니 많은 인재를 놓치는 부분도 있겠죠. 웰콤도 회사 내에 아카데미를 만들었으면 하는 생각이 있어요. 원하는 친구들을 모아서 3~6개월간 프로젝트에도 참여시키고 같이 일하면서 어떤 사람인가 보는 거죠. 그래서 신진들의 수요를 높이는 것이 중요해요. 규모 있는 회사들이 연구소나 아카데미 같은 것들을 설립해서 인재양성에 적극적으로 나서야 한다고 생각합니다.

광고 뿐만 아니라 창의적인 작업에는 전공보다 사람에 대한 공부가 가장 중요하다고 생각합니다. 인간에 대한 보고서를 쓰려면 사람을 이렇게도 저렇게도 해석할 수 있는 통찰력을 키워야합니다. 좋은 크리에이터들은 순간의 반짝임보다 통찰력을 가지고 있어야 해요. 삶에 대해서 관심을 기울일수록 더욱 좋은 아이디어를 낼 수 있어요. 생각의 깊이와 넓이가 크리에이터의 생명력을 연장한다고 봅니다.

광고가 아니었다면 아마도 출판이나 영화 시나리오 쪽 일을 하지 않았을까 하는 생각을 하지만 아마 잘 안 됐을 것 같아요. 딱 광고만큼의 재능이 되지 않나 싶네요. 다른 분야의 사람들이 광고에 와서 잘 할 수 없는 것처럼 저도 마찬가지일 겁니다. 시간이 나면 영화를 많이 보러 가곤 합니다. 그게 아내를 위한 마지막 봉사죠. 할 수는 없어도 하고 싶은 직업이 있다면 아까도 말씀 드렸듯이 영화 쪽 일일 겁니다.

광고는 비주얼과 카피의 행복한 결혼이다

비주얼이든 카피든 크리에이티브란 커뮤니케이션을 위해 존재합니다.

Cho Ik Myong

● 한불화장품 ● 한국타이어 ● 스피드011 응원박수 ● SKY
● SK텔레콤 행복방정식 ● 솔룩스

# 낯선 크리에이터에게서 사람의 향기를 느끼다

전화상으로 들려오는 조익명 국장의 음성은 터프했다. 그런데 막상 만나서 대화를 시작하자 또 다른 면모를 보이기 시작했다. 가장 좋아하는 프로그램은 〈동물의 왕국〉이고 전 세계 어느 곳을 가더라도 꼭 동물원과 수족관을 구경해야 한다는 친자연주의 크리에이터. 정말 흥미진진, 그 자체였다.

조 국장의 작품 중 한불화장품의 "낯선 여자에게서 내 남자의 향기를 느꼈다" 오버클래스 아이디 광고는 한때 많은 사람들의 입에 오르내리며 유명세를 치렀다. 새롭게 떠오른 한불화장품의 광고들이 뛰어난 크리에이티브로 사람들의 사랑을 받던 때이기도 했지만 특히 이 광고는 수많은 패러디를 낳았다. 롱래쉬 마스카라 역시 비슷한 시기에 눈썹 위에 성냥개비를 올려놓은 '속눈썹 전쟁' 으로 화제를 모았다.

또 그가 베이스캠프 시절 직접 연출했던 한국타이어 하프 타이어 편은 영상미가 압권이었다. 호주 멜버른에 직접 지은 대형 구조물 위에 자동차가 진자운동을 하는 모습을 보여주는 것으로, 카피는 간략하게 절제된 "Enjoy Driving 한국타이어"가 전부였다.

역시 조익명 국장의 가장 큰 자랑거리는 지난 2002년 한일 월드컵 때 집행되었던 SK텔레콤 광고였다. 공식 지정업체인 KTF를 제치고 엠부시 마케팅Ambush marketing*의 진수를 보여준 붉은악마 시리즈는 마치 마술처럼 한 게임 한 게임 넘어 갈 때마다 온 국민의 열정을 극한까지 끌어 올렸다. 도대체 어떻게 경기가 끝나자마자 "이제는 미국입니다. 이제는 포르투갈입니다"라는 광고가 바로바로 나올 수 있었을까?. 직접 들어보니 이기는 경우와 질 경우, 각 두 편씩 만들어서 대기하고 있었다고 한다. 당시 월드컵 참가 역사상 처음으로 우리가 1승을 올리던 폴란드전 경기

★ 권리가 없는 기업이 마치 공식 스폰서의 모습을 창조하기 위해 활용하는 전략

를 참관하던 조익명 국장은 전광판에 "이제는 미국입니다"라는 광고가 나오는 것을 보고 눈물을 흘릴 뻔 했다고 한다. 2006년 월드컵에서 그는 또다시 붉은리본 응원으로 우리를 흥분시켰다. 박지성과 이영표, 두 명의 프리미어 리거를 확보한 SK의 여유로움이 묻어나는 광고는 두 선수가 서로 붉은리본을 매개로 파이팅을 기원한다는 내용이다. 이렇게 제작된 "우리는 대한민국입니다" 시리즈는 매 편 재미있는 구성으로 월드컵의 흥을 더했다. 특히 프랑스전 압박 수비 편은 감각적인 유머소구가 돋보인 작품이었다.

SK텔레콤의 경쟁PT에서 빛을 발하여 2005년 후반부터 한국 광고계에서 큰 화제가 되었던 "생활의 중심, 현대 생활백서" 시리즈도 눈에 띈다. 같은 회사 TBWA의 박웅현 크리에이티브 디렉터와 함께 진행한 것으로 인터렉티브 광고*를 이끈 이 시리즈는 1년 정도 시청자들의 폭발적 호응으로 계속되었다. 이 시리즈는 값비싼 유명모델 대신 일

★ 광고제작자와 타깃들이 서로 상응하며 반응을 일으키는 양방향 광고의 형태

반 모델을 기용하여 리얼리티를 강조하는 동시에 유머 소구로 소비자에게 새로운 장르를 제시했다는 점이 특징이다. 이 시리즈는 2006년 11월 대한민국 광고대상을 수상했다.

최근 비틀즈의 'let it be' 변주곡이 배경음악인 SK텔레콤의 기업광고 시리즈, '사람을 향합니다'는 아주 시끄럽고 정신없는 TV광고 띠 속에서 내레이션도 없이 음악만을 배경으로 사람과 사람 사이의 커뮤니케이션을 자막으로만 이야기한다. 엔딩에 떠오르는 "사람을 향합니다" 슬로건이 압도적이었던 이 시리즈는 조익명 CD와 같은 회사 박웅현, 박성준 CD의 공동 제작이었으며 완성도가 높은 작품으로 유명하다. "사람을 향합니다" 시리즈 중에서 가장 놀라운 시도는 "주소록을 없애 주세요" 편이었다.

주소록을 없애주세요

사랑하는 친구의 번호쯤은 욀 수 있도록

카메라를 없애 주세요

사랑하는 아이의 얼굴을 두 눈에 담도록

문자기능을 없애 주세요

사랑하는 사람들이 다시 긴 연애편지를 쓰도록

기술은 언제나 사람에게 지고 맙니다

사람을 향합니다

역시 통신사에서는 감히 할 수 없는 이야기를 당당하게 내 뱉는 뚝심에 감탄하지 않을 수 없었다.

또한 조익명 국장은 스카이 광고를 꽤 오랫동안 담당했다. 뮤직폰이나 슬라이드폰 같이 재미난 발상과 몸으로 표현하는 크리에이티브에 있어서는 단연 발군의 실력을 보여주고 있다. 간단한 자막과 내레이션 위주의 영상 커뮤니케이션을 즐기는 그는 특히 호주와 체코, 남아공 등에서 대부분 현지 스텝과 작업한 스카이 광고에 일익을 담당했다.

그는 조금 이색적인 경로로 광고계에 입문했다. 창원의 기아자동차 기계기술연구소에서 디자이너로 일하다가 8개월 만에 사표를 던지고 단돈 5만원과 양복 한 벌로 상경하여 이곳저곳 적성에 맞는 일자리를 찾아 다녔다고 하니, 영화에나 나올법한 '누구누구 상경기' 라고나 할까. 그 결과 조익명 국장은 현재 많은 후배들로부터 존경과 사랑을 받는 크리에이티브 디렉터로서 자리 잡았다. 열정과 용기가 그의 상경기를 해피엔딩으로 만든 것이다. 그는 자신의 광고계 이동 경력을 차근차근 설명해 주었지만 솔직히 도저히 이해 할 수 없을 정도로 복잡한 동선이라 잘 알아듣지는 못했다. 좌우간 대보기획에서 AE로 시작하여 현재 TBWA에서 제작전문 임원을 맡고 있다는 사실만은 간신히 알아들을 수 있었다. 그리고 그는 현재 'PD시스템'* 이라는 조금 낯선 개념으로 광고계에 커다란 변화를 일으키고 있다.

★ 프로듀서들이 독립회사를 유지하며 대행사에서 기획이 완료된 작품을 수주 받아 감독과 프로덕션을 선정하고 납품단계까지 책임을 지는 방식

## 잠자기 전에는 절대 생각하지 마라, 불면증에 빠지리니

디자인을 전공했던 학생 시절부터 광고는 제 꿈이었어요. 광고대행사에 들어가고 싶었지만 집안형편 때문에 코앞에 대행사 시험을 기다리지 못하고 기아자동차 공채에 응시했었죠. 그렇게 첫 직장이 된 창원 소재의 기아자동차 기계기술연구소에서 8개월을 근무했지만 아무래도 저랑은 안 맞는 거예요. 무모하게 사표를 던지고 무작정 상경했어요. 손에 쥔 5만원과 면접 때 입을 양복 한 벌 뿐이었죠. 그 때 그 고생은 말로 다 못해요. 6개월 동안 취업을 못하다가 정말 어렵게 대보기획 AD로 광고 일을 시작했는데 그러고도 한참을 고생했죠.

생각정리… 저는 그냥 막 해요. 따로 요령이 없어요. 그냥 막 하는 거죠. 요즘은 나름대로 정리를 좀 하려고 하는데, 정리에 너무 치중하면 체계화가 되서 독특한 아이디어가 나오지 않아요. 그것도 문제더라고요. 크리에이티브에 관한 방법 같은 건 없는 것 같아요. 개인적으로는 회사에 일찍 출근해서 아무도 없는 아침에 생각하는 걸 좋아해요. 차타고 왔다 갔다 할 때도 정리가 많이 되고요. 그런데 절대 자기 전에 아이디어 생각하면 안 돼요. 끝도 없는 아이데이션에 잠을 못 자게 되거든요.


## 카피가 되는 비주얼을 만들어라

비주얼이든 카피든 크리에이티브란 커뮤니케이션을 위해 존재한다고 생각합니다. 비주얼이 전공이라서 그런지 카피가 없는 광고가 좋아요. 비주얼이 다 설명하고 있으면 카피가 없는 것이 카피에요. 물론 이 말이 전적으로 옳다는 건 아닙니다. 제가 추구하는 스타일이 그렇다는 거죠. 요즘은 화법을 어떻게 다르게 하느냐가 화두인 것 같아요. 정형화된 광고, 그냥 잘 나가는 모델 데려다 놓고 적당히 연기시키는 것만 광고는 아니죠. 다큐멘터리 필름을 가져다 놓고 하는 것도 광고잖아요. 다른 방향으로 가보자는 생각들이 부쩍 많아졌습니다.

크리에이티브 세계에서 부러운 사람이 왜 없겠어요? 닛산 캠페인을 만드시는 할아버지, 너무 존경스러워요. TBWA/시카고에 계신 걸로 알고 있어요. 그분이 지금 연세가 거의 68세 정도 되셨는데, 세계적인 캠페인을 만들고 계시잖아요. 저도 나중에 그렇게 일하고 싶습니다. 네이버 광고는 매체전략을 참 잘 잡았고 간략하지만 효과적인 광고라 좋아요. 그리고 요즘 문근영이 너무 예뻐서 KTF 광고도 좋더라고요. 원래 모델 나오는 광고는 좋아하지 않는데, 문근영이 요즘 왜 이렇게 좋은지. 스카이 아이디어도 멋집니다.

사실 국내 시스템 자체가 무질서한 면이 있고, 외국처럼 체계화되어 있지 않아서 작업하다 보면 시스템 문제로 답답한 점이 많아요. 그래도 요즘은 외국 시스템에 많이 적응한 편이죠. 함께 작업 중인 차은택 감독과 코드가 잘 맞아요. 카메라 감독은 남종기 기사, 최문용 기사, 또 한 분 계신데 죄송하게도 성함이 잘 기억나지 않는군요. 광고주는 한불화장품 광고주 분들과 잘 맞았고요, 지금은 한국타이어의 조 상무님, 나이도 34세로 정말 젊은 분이신데, 웬만한 크리에이터들보다도 광고를 많이 보는 분이세요. 크리에이티브에 대한 수용도도 높으시고 무엇보다 광고에 대해 잘 알고 계셔서 커뮤니케이션이 잘 되죠.

붉은악마 캠페인은 정말 즐기면서 했어요. 폴란드전 때 대학로 응원장에서 경기를 관전하고 있었는데 TV 화면으로 "이제 미국입니다"라는 광고가 나오는 거예요. 정말 울 뻔했다니까요. 제가 시점광고를 제안했을 때 기획 쪽에서 반대가 심했어요. 월드컵은 특수상황 아니냐고 설득해서 결국 눈물겨운 작품이 만들어 졌죠. 그때 방송국에는 질 경우와 이길 경우에 대비한 두 개의 테이프가 대기하고 있었어요. 사실 특수상황이었으니 가능한 작업이었겠죠. 그 광고로 기업 인지도만 28% 올라갔고, 저희는 상금도 받았어요. 최고의 경험이었죠.

## 프로듀서 시스템, 힘주어 말하다

우리나라 감독들은 지금 한계에 부딪혔다고 생각합니다. 그래서 프로듀서 시스템을 정착 시켜야 한다고 주장하는 것입니다. 어느 나라든 광고 크리에이티브에 한계가 오면 개개인의 퀄리티가 더 이상 발전할 수 없습니다, 저는 시스템 자체가 바뀌어야 한다고 봅니다. 그래야 크리에이티브의 퀄리티가 높아질 수 있으니까요. 그런데 현실적으로 이런 문제는 실행이 어렵죠. 그래서 제가 직접 만든 것이 '브랙퍼스트'라는 프로덕션 이였어요. 사람들은 브랙퍼스트를 보고 우리나라 최초의 프로듀서 시스템이라고 부르더군요.

지금 TBWA에서도 그 문제를 조정하고 있습니다. 현재 프로덕션

● 붉은막마 캠페인은 정말 즐기
면서 했어요. 최고의 경험이었죠.

감독들이 TBWA에서 작품을 만들 때 각각의 라인 프로듀서가 없으면 일을 못하도록 제도를 다 바꾸어 놓았어요. 웰콤, LG애드, 제일기획도 차차 시스템을 변경하고 있는 추세지요.

무엇보다 문제는 이 좁은 한국의 광고시장 속에서 우리끼리만 경쟁을 한다는 겁니다. 사실 우리나라에도 김규한, 박명천, 차은택 감독 등 세계시장에 내놓아도 손색없는 감독들이 상당히 많거든요. 그런데 정작 해외에서 이 감독들에게 일이 들어와도 전문 프로듀서가 없고, 편집과정에서 표준화된 아비드AVID System★를 쓰지 않기 때문에 제대로
★ 미국에서 주로 사용하는 편집 소프트웨어
작업할 수 없는 겁니다. 우리 감독들이 해외에서도 우리나라식으로만 일을 하게 되면 이상한 감독으로 포지셔닝이 됩니다. 아마도 제작 단계에서 발생하는 수익의 배분 문제와도 직결되는 것 같은데 눈앞의 이익보다는 파이 자체를 크고 견실하게 키워야 하고 그러려면 제작 전문화를 위해서 프로듀서 시스템을 적극 활용해야 합니다. 그것이 향후 해외 시장 개척 등 세계화 추세에 적응하며 역량을 키우는 좋은 동기가 될 것으로 확신합니다.

대우자동차 레간자를 진행했을 때부터 외국 감독들을 만날 기회가 많았습니다. 외국 시스템에 적응되어 있다가 돌아와 다시 국내 시스템에 적응을 하려니 너무 문제가 많고, 답답해서 지금은 이 부분의 제도 개선에 심혈을 기울이고 있어요. 전문 프로듀서가 정말 필요한 이유는 제작 과정에서 합리적인 예산이 나와야 하기 때문입니다. 예를 들어 이번 작품에 디자인이 중요하면 예산의 30% 정도를 이 부분에 집중적으로 분배하고, 다른 분야에서 절약하는식의 합리적인 예산배

정이 필요해요. 그러나 지금 같은 상황에서는 중요한 것도 100원, 하루를 일해도 100원, 이틀도 100원인 셈이니 합리적이지 않죠.

지금 진행하고 있는 작품들은 우리 감독들만 고집하지 않고 있어요. 한국타이어 광고를 연출할 때는 광고주에게 우리 감독을 쓰지 않겠다고 했었습니다. 크리에이티브 디렉터의 발상과 그것을 해석하는 감독의 관점이 다를 때 큰 위험을 감수해야만 하는 콘티였거든요. 그래서 외국 감독인 플랭크 버잿과 작업했습니다. 이런 식으로 크리에이티브의 퀄리티를 위해서는 세계 수준으로 눈을 돌려야 한다고 생각합니다. 또 해외에서 손꼽히는 감독과 함께 작업 해보면 일하는 차원이 확실히 다르다는 것을 알게 됩니다. 정말 많은 것을 배우고 느끼죠. 저는 영어 한마디 못하지만 지금 9년 째 해외작업을 해오고 있어요. 요즘은 오히려 해외에서 일하는 게 더 편하게 느껴질 정도예요.

## 광고대행사는 특별해야

크리에이티브 디렉터를 선발하는 조건, 장치를 만든다는 것은 현실적으로 불가능하다고 생각합니다. 외국에 아는 아트 디렉터가 지금 42살인데요, 회사에서 CD를 하라고 권한답니다. 크리에이티브 디렉터를 맡게 되면 연봉이 50% 이상 올라가는데, 그 AD는 자신이 크리에이티브 디렉터로서 성공할 수 없다고 판단해서 거절했다는 거예요. 그 사람들은 자신의 적성과 소질을 제대로 알고 있는 거죠. 저는 연봉체계 자체가 달라져야 한다고 생각해요. 아트 디렉터가 크리에이티브 디렉터보다 직급이 낮은 개념이 아니라 동등하게 인식되는 거죠.

사실 우리 광고계는 제도 자체에 문제가 많아요. 광고 대행사는 여느 조직과는 체계 자체가 달라야 한다고 생각하거든요. 하지만 하우스에이전시*가 모회사 체계와 똑같이 대행사의 체계를 만들어 놓았으니 이게 문제가 되는 거죠. 저는 하우스에이전시 자체를 법으로 금지해야 한다고 생각합니다. 외국에는 그런 실례도 있고요. 사실 자기네 제품을 자기들끼리 광고한다는 게 광고계의 발전을 퇴보시키는 일이거든요. 어쨌든 시급한 제도 개선이 제 화두입니다.

★ 대기업 내에서 자체적으로 운영하는 광고대행사

저는 크리에이티브 디렉터가 시시콜콜하게 아이디어 하나하나에 집착하는 것보다는 주니어 크리에이티브 디렉터가 아이디어 정리를 해놓고 크리에이티브 디렉터들은 크리에이티브가 마케팅 기획 전략 방향과 맞아떨어지는지, 크리에이티브 방향자체가 독특한지를 판단하고 잘못된 부분을 바로 잡아줘야 한다고 생각해요. 이 시안은 비주얼은 좋지만 카피가 부족하다든지, 이 시안은 기획의도와 이런 점이 어긋나는데 이렇게 수정하는 것은 어떨까, 하고 제안을 해주는 것이 올바른 역할이라고 봅니다.

후배들을 얼마나 속성으로 잘 키워내는가도 매우 중요하다고 생각합니다. 그것이 결국 크리에이티브 발전에도 도움이 되거든요. 사실 크리에이티브 디렉터들은 자기만의 권한과 노하우를 감추어 놓는 경우가 많이 있습니다. 즉 자기만의 어떠한 노하우를 가지고서 부하직원들이 시안을 가져오면 '야 이게 뭐야? 이건 아니잖아! 다시 해 와!' 이런 식이지요. 하지만, CD가 그렇게 직원들에게 군림만 해서는 절대 안 됩니다. 불러서 이야기를 해줘야죠. 콘티는 이렇게 구성해왔지만 기획에서 모델전략을 중요하게 생각하고 있지? 그런데 모델전략에 대한 부분을 생각했어? 안 했어? 안 했네, 하고 구체적인 방향을 잡아줘야 하는 거죠. 또 밑의 직원들과 끊임없이 대화하다보면 그들이 생각을 전환하는 방식이나 조금만 지적해주면 발전될 발상 같은 것들이 보일 때가 있어요. 같이 발전시키다보면 다음날 아이디어가 되어 봇물 터지듯 나오지요. 이런 식의 노하우 전수, 발상 전환에 대한 부분, 개성 존중에 대한 속성은 보존시키면서 최대한 그 사람만의 특성을 간추려 주는 것이 중요하다고 생각합니다. 사실 그 정도가 되려면 카피는 물론 비주얼, 실제 제작까지 다 고려해야 하기 때문에 쉬운 일은 아니죠.

## 돈 받고 하는 허가 받은 예술 행위

크리에이티브 디렉터들에게는 책임도 막중합니다. 저는 TV가 하나의 화판이라고 생각합니다. 사실 전시회도 이런 전시회가 없죠. 어떤 사람들은 광고가 예술이 아니라고도 하지만, 저는 새로운 각도의 그림이나 사진이 나오기 시작하면 국민들의 예술적인 반응, 생각의 수준, 문화가 달라진다고 생각합니다. 그런 면에서 광고도 하나의 예술행위라고 생각해요. 광고주에게 돈 받아서 하는 '허가 받은 예술 행위'인 셈이죠. 생각해보면 크리에이티브 디렉터는 문화적인 책임을 분명히 져야 할 의무가 있죠.

무엇을 하든지 호기심이 많았으면 좋겠어요. 또 어떤 일을 할 때 끝까지 파고 들어가는 집중력이 있었으면 좋겠고요. 요즘 광고회사들은 신입사원을 뽑지 않잖아요. 10년만 앞을 내다보면 심각한 문제라는 것을 알 수 있어요. 앞날을 바라보면는 투자의 개념이 있어야 하는데, 이게 없다 보니 광고인의 명맥을 잇는다는 것이 어려워지고 있죠. 사실 크리에이터는 300명 중 1명 정도 존재한다고 봅니다. 제 동기들만 봐도 크리에이터라고 명함 내미는 사람이 10명도 채 안되니까요. 그 당시에는 한 해에 700~800명씩 선발한 게 이 정도니까. 미래를 생각하면 답답합니다.

대학에서 강의를 제안 받아도 잘 나가지는 않지만, 가끔씩 강의를 나가보면 학생들이 불쌍해요. 우리 때는 시험이라도 있었으니 기회가 있었는데. 광고계의 발전을 위해서 대행사 사장들끼리 모여서 의무적으로 몇 명씩 뽑는 제도를 마련하든지 해야겠어요. 사실 외국의 경우 크리에이티브 디렉터는 처음부터 크리에이티브 디렉터가 되는 교육을 받거든요. 어릴 때부터 아트, 크리에이티브, 마케팅 전반에 걸친 집중 교육을 받아요. 제가 제일보젤에 있었을 때 크라이슬러의 크리에이티브 디렉터를 만난 적이 있어요. 그 사람이 깐느 그랑프리를 받고 난후에 한국에 초청받아 왔을 때였는데 몇 살이냐고 물었더니 28살이라고 하더라고요. 21살 때부터 크리에이티브 디렉터였다고, 주니어 크리에이티브 디렉터부터 시작을 한 거죠. 어릴 때부터 교육을 집중적으로 받으니까 강한 경쟁력이 생긴 것이겠지요.

저는 골프도 안치고 아무것도 안 해요. 오로지 〈동물의 왕국〉만

봐요. 저는 동물이 너무 좋아요. 어디 놀러 가면 다른 곳은 아무데도 안 가고 오직 두 곳, 동물원이랑 수족관만 가요. 개도 너무너무 좋아해서 지금도 집에 두 마리를 키우고 있는데요. 어릴 때부터 제 옆에 개가 떨어진 적이 한 번도 없어요. 한때는 포스트모더니즘 영화가 너무 좋아서 한때 컬트영화에 미쳐있었어요. 요즘에는 정신이 이상해질까 봐 안 보고 있어요. 또 같이 한불화장품 작업했던 조세형 씨 따라 사진에 미친적도 있었죠. 미국으로 유학가서 사진공부를 하고 싶었는데, 돈이 없어서 못 갔어요. 음악은 아주 조금, 제 아내가 음악을 워낙 좋아해서 같이 클래식을 들으러 가는 정도예요. 영화감독을 해보는 게 소원이지만, 인생이 짧아서 불가능할 것 같네요.

非

비 서 운 이 된

그것이 본질이죠.

크리에이티브는 설득하고자하는 사람을 바로 앞에 두고 대화를 나누는 마음 자세로 문제에 접근해야 합니다.

닐 에 로 상 작

크리에이티브에서 가장 중요한 것은 사람을 아는 것입니다.

아 자 새 세 시

다

**Huh Yoo Keun**

휘센
예약대축제
~2005.2.25일까지
X-NOTE
● 영창피아노 ● LG전자 X-Note ● "사랑해요 LG"
● 외환은행 ● 휘센 ● 국정홍보처 '제2의 건국'

# 이곳은 바람이 지나가는 자리니까요

아주 늦은 저녁 시간에 LG애드의 최고참 크리에이티브 디렉터 중의 한사람인 허유근 상무를 만났다. 처음부터 늦은 시간으로 잡아달라는 요청에 저녁 9시경에 찾아갔는데 거의 모든 직원들이 퇴근한 상태였고 급기야는 11시가 조금 넘어서니 청소하시는 아주머니께서 다들 퇴근한줄 아시고 사내 전체 전원을 내려버린 것이 아니가. 허둥지둥 어둠 속을 더듬거리며 복도로 나가 전원을 다시 올리고 인터뷰를 계속했다. 정말 광고계는 '예측불능의 연속'이라는 말이 와 닿는다.

소설을 쓰고 싶었고 학생들에게 국어를 가르치던 허 상무는 마치 학생에게 설명하듯 조근조근 알아듣기 쉽게 이야기를 풀어 나갔다. 듣다보니 광고계 생활 처음부터 한 직장을 고집하는 우직함이 그의 광고 크리에이티브에도 항상 묻어나는 것 같다. 시류나 트렌드보다는 자신의 광고관에 철저한 사람이라는 느낌이 들었다. 사실적이고 깊이 있는 크리에이티브를 위해 사람들과의 만남을 중요하게 생각하는 그는 그 과정에 많은 시간을 할애한다. 다양한 부류의 사람들의 속 이야기를 들어보고 마지막 결정을 내리는 방법이 오늘의 허유근 CD의 크리에이티브를 만들어냈다.

90년대의 이야기이다. 언젠가 TV에서 영창피아노 광고를 보고 깜짝 놀랐다. 당시에는 몇몇 악기제조사들을 비롯한 대기업, 중소기업들까지 악기광고를 집행했었다. 주로 가족들에 둘러싸인 한 소년소녀가 피아노를 연주하고 식구들의 행복한 표정, 아름다운 음색, 저렴한 가격, 전통 있는 악기 제조기술이 광고에 제시되었다. 그때 영창피아노는 아주 색다른 시도를 선보였다. 장소는 아르메니아라는 전쟁터. 포성이 가득하고 군인들이 뛰어다니는 중심에 쓰러져 가는 피아노 한 대. 그리고 다가가서 연주하는 현지소녀, 그 모습을 보고 생각에 잠기는 양측 군인들의 모습이 마치 전쟁 영화의 한 장면처럼 묘사 되었던 광고를 기억할 것이다.

결국 이 광고는 그해 대한민국 광고대상을 수상했다. 이 광고가 6개 대행사가 경합을 벌인 경쟁 프레젠테이션을 통해 선정된 작품이라는 이야기를 듣고 더 놀랄 수밖에 없었다. 바늘 끝 같이 아슬아슬한 경쟁PT에 광고주가 요구하지 않은 방향의 전쟁콘티를 밀어 넣는 과감함. 역시 통 큰 크리에이티브 디렉터로서는 다르다. 아직도 그 광고는 영화적인 소재와 표현을 시도하는 광고의 선례로 남아있다.

허유근 상무의 다른 주요작품으로는 LG전자의 엑스노트를 주목해야 할 것 같다. 엑스노트는 한국 주택공사의 "바람이 지나는 자리에는 집을 짓지 않습니다"나 외환은행 자이툰 편 "당신을 따라 이곳 까지 왔습니다"에서 보여준 풍부한 감성이 그의 진면목이라는 생각을 깨게 했던 사례였다. 무척 감각적인 영상과 카피로 승부를 건 X-Note시리즈는 그의 또 다른 감각을 보여주었다.

드림컴트루의 김영철 감독과 메스메세지의 백종률 감독, 알파빌의 박성민 감독등과 제작한 LG 엑스노트 시리즈는 기존의 노트북 광고들과는 사뭇 다른 톤 앤 매너tone 8 manner★를 보여주었다. 정우성이라는 배우의 느끼한 모습
★제품을 특징지울 수 있는 표현형태
을 다각도로 보여줬다는 점에서 말이 좀 많았지만 카메라의 무브먼트나 배경음악 등으로 상당히 인지도가 높았던 광고이다. 이 광고는 노트북 시장의 마이너 브랜드였던 엑스노트를 일약 주요 포지션으로 올려놓은 일등공신이었다. 무선 통신에 강하다는 점을 집중 강조한 광고물들은 USP, 포지셔닝 광고의 전형을 보여 주었고 시장을 움직이는데 성공하였다.

그는 LG전자의 휘센에 대한 애착을 드려냈다. 1986년부터 최근까지 LG애드에서 크리에이티브를 연마하고 발휘해왔기 때문인지 허 상무의 직장 사랑과 광고주 사랑은 놀라울 정도였다. 하물며 세계에서 가장 많이 팔리는 에어콘이라는 휘센에 대해서는 두말할 필요가 없을 것이다. 그동안 집행되었던 휘센 광고를 모두 찾아서 다시 하나씩 검토해본 결과 카피파워가 대단한 시리즈라는 걸 알 수 있었다. 간결하지만 리듬을 타고 기억 속으로 한칼을 밀어 넣는 카피가 보통 공력이 아니라는 생각이 든다. 그리고 새로 시작된 여행을 떠나겠다고 시작된 '3 in 1' 시리즈는 "세계의 바람"이란 제목으로 멋진 풍광을 광고에 담았다. 집행된 두 편의 그리스 산토리니 편은 영상과 음악 그리고 카피 까지 어느 하나 빠질 것 없이 높은 수준의 작품이었다. 특히 산토리니를 배경으로 했던 기존 포카리스웨트광고만큼 로케이션location*과 제품속성의 연관성을 유지한 훌륭한 선택이었다고 보인다. 이영애라는 모델을 지속

★ 옥외 장면을 동일하거나 유사한 자연 환경에서 촬영하는 방식

적으로 기용하는 것이 아주 높은 인지도를 유지케 하는 전략이라고 생각하지만 자이, 지인 등과 혼동 되는 문제는 빨리 해결해야 하지 않을까 싶다. 실내 장면에서의 인물 쇼트shot*들은 자칫 아파트 광고로 오인될 수도 있을 만큼 모델의 의존도가 높기 때문이다.

★ 한 번의 테이크를 통해 촬영된 장면

필자가 가장 감탄하고 개인적으로 좋아하는 허 상무의 광고는 바로 대한주택공사 광고이다.

사람들은 이곳에 아파트를 생각합니다

하지만 우리는 아무것도 지어서는 안 된다고 생각합니다

이곳은 바람이 지나가는 자리니까요 (바람도 집의 일부입니다: 자막)

집에 대한 새로운 생각

2005년 대학에서 광고수업을 하며 학생들과 반복해서 이 광고를 보며 광고 카피의 강력함과 촬영의 수려함에 대해 많은 토의를 했던 기억이 난다. 인터뷰 때에만 해도 영원한 LG맨일 것 같았던 그가 최근 박근혜 후보의 대선 캠프에 합류했다는 소식을 들었다. 갑자기 정치광고에 뛰어든 것이 당혹스럽기도 하지만 그의 크리에이티브가 또 어떤 모습으로 빛을 낼지 궁금하다.

## 남에게서 찾는 아이디어, 크리에이티브 리더십

광고도 사람에 대한 연구라고 생각했습니다. 물론 하다 보니까 이런 생각들이 떠올랐던 거예요. LG애드에 입사해서 20년 동안 한 회사에서 광고를 만들어서 그런가요? 제가 좀 이상하죠? 확실히 요즘 트렌드에 안 맞죠. 한 회사를 고집했던 이유는 제가 모시고 있는 클라이언트가 좋았기 때문입니다. 클라이언트가 사정에 의해서 이제 저를 받아들이지 않는다면 어쩔 수 없지만 그렇지 않다면 저는 LG라는 그룹이 좋습니다.

독자한테 소설을 파는 것과 고객한테 제품을 파는 것은 같은 논리라고 봐요. 뭔가 새로운 것을 만드는 직업이 재미있겠다 싶어서 카피라이터가 됐고, 시간이 지날수록 새록새록 일이 좋아지고 성취감이 느껴졌습니다. 이 직업의 제일 좋은 점이 게을러지지 않는다는 거죠. 몸은 게을러질 수도 있겠지만 생각은 게을러질 수가 없습니다. 끊임없이 계속해서 머리를 굴려야 하고 뭔가를 생각해야 한다는 것이 가장 큰 매력입니다. 그래서 아직도 벗어나지 못하고 늪에서 허우적대고 있다고 말씀드릴 수 있겠네요.

제가 프로젝트 시작에서 끝까지 철칙으로 삼는 게 한 가지 있어요. 되도록이면 많은 시간을 확보하는 겁니다. 그리고 그동안 정말 많은 사람들을 만납니다. 물론 목적은 크리에이티브를 만들어 내기 위한 것이지만, 프로젝트의 성향에 따라서 초등학교 친구를 만날 수도 있고 친구와 영화를 같이 보러 갈 수도 있고 식당에서 일하는 아줌마를 만날 수도 있어요. 어떤 때는 엉뚱하게 버스를 타고 한 번도 안 가봤던

곳에 내려 가까운 다실에서 계란 동동 띄워주는 커피를 마실 수도 있습니다. 또는 세미나에 참석할 수도 있고, 정말 시간이 없을 때는 회사 안에서라도 관련된 사람, 혹은 이 프로젝트하고 전혀 관련 없는 사람들하고도 많은 얘기를 나누면서 크리에이티브를 찾으려고 하죠.

그렇게 해서 나온 크리에이티브는 저와 만났던 사람들이 대신 내주는 것이라고 생각합니다. 크리에이티브 디렉터는 전쟁에 전투를 치르는 소대장이라고 생각합니다. 고지탈환을 하는 데에도 앞장서서 가는 소대장도 있고 자신의 소대원을 잘 활용해서 필요한 잠재력을 끄집어내 자극을 주는 소대장이 있을 수 있잖아요. 저는 분명 후자 쪽입니다.

크리에이티브 디렉터는 평균 연령으로 봤을 때 30대 중반도 있겠지만 작은 대행사 같은 경우엔 30대 후반이나 40대 초반, 최창희 사장님같이 50대 초 중반도 있을 수 있어요. 그런데 보통 40대로 평균을 잡아보면 CD가 직접 아이디어를 낼 수 있는 데에는 한계가 있다는 겁니다. 물론 뛰어난 사람은 한계를 극복할 수도 있을 거예요. 하지만 그게 타깃에게 와 닿겠느냐, 라는 측면에서 오히려 스무 살에 그 브랜드를 사용하는 사람들을 독려해서 그 사람들의 머리를 빌리고 가슴을 빌릴 수 있다는 거죠. 제가 아이디어를 낼 수도 있지만 우리 스텝들이 낸 아이디어를 발전시켜서서 캠페인으로 성공시킨 경우도 많습니다. 내가 낼 수 없는, 내가 볼 수 없는 것을 같이 가는 동료들로부터 끌어낼 수 있는 크리에이티브 리더십이 있어야 합니다. 그것이 크리에이티브 디렉터의 역할이라고 봅니다.

## 외곽에서 핵심으로

일본의 어느 크리에이티브 디렉터가 얘기한 '아닐 비非' 자 하나. 저는 참 충격을 많이 받았어요. 우리가 일상적이고 상식적이고 보편적이고 논리적이고 분석적이라고 생각하는 모든 것 앞에 비非 자를 하나 넣어 봅시다 비논리적이고 비상식적이고 비일상적이 되지요. 크리에이티브 라는 게 바로 이 '아닐비非' 자 적인 요소가 아니겠느냐, 라는 의문에서 출발해서 아이디어를 찾아내는 경우가 많습니다. 또한 저는 많은 사람들과 대화를 나누면서 내 나름대로의 아이데이션을 정리해 나가는, 그래서 다른 사람의 힘을 많이 빌리는 스타일입니다. 물론 최종적인 아웃풋은 제가 만들어가고 책임도 집니다.

　현장은 빠지는 곳 없이 모두 챙겨요. 크리에이티브 디렉터가 카피라이터, 디자이너, 프로듀서보다 상위의 수직적인 직급이 아니라는 거죠. 수평으로 봐야합니다. 카피라이터는 카피를 쓰는 사람이고 아트 디렉터는 그림을 찾아내는 사람이고 프로듀서는 전파의 영상을 생각하는 사람입니다. 그리고 크리에이티브 디렉터는 이 사람들의 일을 모아서 하나의 크리에이티브 결과물로 만들어 내는 작업을 하는 사람입니다. 즉 사람들을 지휘하는 소대장의 역할도 있겠지만 자기 고유의 직능으로서 독립되어야 한다는 것입니다. 다른 동료들이 10시까지 일한다면 당연히 같이 있어야 하는 거고, 그 다음에 직분인 크리에이티브 디렉터의 역량이 필요합니다. 이들이 원한다면 현장에 함께 있어줘야 하는 거 아니겠습니까? 그러니 현장에 같이 갈 수밖에 없는 거죠. 현장 챙기기가 아니라 현장에 같이 참여하는 거죠. 저는 촬영, 편집, 녹음 모든 현장을 동료들과 함께 합니다.

휘센 같은 경우는 세계판매 No.1브랜드 입니다. 세계 No.1브랜드를 광고할 수 있다는 자부심. 혹시 이해하십니까? 세계 최고의 브랜드, 세계에서 가장 많이 팔리는 에어컨이 바로 대한민국의 휘센입니다. 자랑스럽고 애착이 많이 가는 제품이지요. 최근 시작한 외환은행 광고는 세 가지 캠페인으로 브랜드지표를 띄웠던 케이스인데, 광고에 대한 평가가 좋아서 기쁩니다.

엑스노트 광고는 도무지 잡히지 않던 브랜드 지표를 12%까지 올려놓은 경우인데요. 저도 노트북을 쓰는 사람이지만 LG노트북이 이전에는 별로 구매의 대상에 잘 오르지 않다가 엑스노트가 본격적으로 광고를 하고 USP를 정확히 알려주면서 상황이 달라졌어요. 무선 인터넷에 강하다는 점을 어필했죠. 후발 브랜드 임에도 불구하고 제법 많이 쫓아가고 있습니다. 이제는 삼성노트북과 2강 체제를 굳혔습니다. 대한주택공사 같은 경우에는 광고 하나로 공사의 관급 스타일 이미지를 완전히 벗게 해서 주목도 많이 받고 화제에 오르고 있습니다.

크리에이티브 디렉터는 작품으로 다가온다고 생각해요. 나이키 캠페인을 좋아합니다. 로컬 캠페인 보다 월드와이드 캠페인이 좋지요. 덴쯔나 하꾸호도에 있는 일본 크리에이티브 디렉터들⋯ 친분이 있는 크리에이티브 디렉터들도 있고요. 후고상 같은 분은 같이 교육도 받았습니다. 국내에서도 물론 좋아하는 크리에이티브 디렉터가 있지만 굳이 애기하고 싶지는 않네요. 경쟁사에 있는 분들이어서⋯.

드림스컴트루에 김영철 감독하고 중요한 작업을 많이 했어요. 같이 작업한 것 중에 확실히 성공을 거둔 케이스도 많고요. 영창피아노나 LG텔레콤 같은 경우에 대한민국 광고대상을 받았으니 거의 실패가 없다고 할 수도 있겠네요. 광고관이 비슷해서 그런 것 아니가 싶군요. 거기에는 물론 인격이나 이런 부분들도 포함되겠지만…

저보고 적은 수의 스텝들과 집중적으로 작업한다고들 하더군요. 죄송스러운 애기지만 젊은 감독들하고 작업을 진행할 때는 뭔지 모르게 톱니바퀴가 안 맞아 들어가는 것 같은 느낌이 들어요. 감독도 40대 이상이 돼야 진가를 발휘하는 것이 아닌가, 하는 생각도 듭니다. 물론 전적으로 저만의 생각이에요.


## 남자만 마시는 맥주?

LG광고를 많이 하긴 했지만 비계열사 광고 중에는 카스맥주가 기억에 많이 남습니다. 카스 광고 런칭 때, 키워드를 남자맥주로 했었던 적이 있습니다. 카스는 후발브랜드이고 하이트와 OB가 시장 점유율 90% 이상을 차지하는 마당에 제3의 브랜드로 치고 나가야 하는 상황이었죠. 당시에 카스는 속성 100% 비열처리라고 해서 좀 진한 느낌이 있었거든요. 톡 쏘는 느낌 같은 것. 하이트는 '물이 깨끗하다' 로 포지셔닝했죠. 결국 카스는 제품속성이 하이트보다 더 진하니까 '남자 맥주' 라는 말을 과감히 썼습니다. 광고주가 받아들이기 힘든 상황이었죠. 타깃을 줄여나가다니… 그런데 그걸 받아주셨어요. 그리고 그 광고를 계기로 카스는 업계 3위 브랜드로서 자리 잡았습니다. 특정 타깃

을 세그먼테이션segmentation*해서 특화된 브랜드 충성도를 갖기 시작한

★시장을 공통의 수요와 구매 행동을 가진 층으로 나누어서 그 층의 욕구와 필요에 맞춘 제품을 제공하는 것

겁니다. 카스가 비집고 비집어서 지금 볼륨존volume zone*까지 갔다고 봅

★품종별 가격 범위 중 정책적으로 진열을 많이 하는 가격대 ★

니다. 그 때 그 아이디어를 사준 클라이언트가 그렇게 고마울 수가 없었어요.

　제 성공작으로 영창피아노 아르메니아 편을 많이들 얘기하시더군요. 영창피아노 광고는 경쟁PT에 7개 대행사가 경합을 벌였습니다. 당시 삼익피아노는 '현이 길어 부드러운 소리' 라는 컨셉을 갖고 있었어요. 영창피아노도 오리엔테이션에서 제품의 USP를 그런 방향에서 찾아보라고 지시했습니다. 이를테면 향판이 두꺼워서 소리울림이 없다든지… 그때 저는 과감히 전쟁터에 승부를 걸었습니다. 당시 사회적인 이슈는 남아공의 인종차별과 종교전쟁, 보스니아의 내전 등이었어요. 그래서 적군과 우군, 너나 할 것 없이 감동받을 수 있는 공통분모를 피아노 소리에서 찾아내자는 아이디어를 냈습니다. 결국은 PT에서 이겼지요. 완전히 엉뚱한 방향이잖습니까? 주어진 환경을 극복했던 경험이었습니다.

　크리에이티브 디렉터는 특정 가이드라인과 자격을 갖춘다거나 일반 기업에서처럼 희소성이 중요한 직업은 아닙니다. 이 직업 자체가 아이디어와 크리에이티브를 상당히 소중하게 생각하기 때문입니다. 저마다 보는 시각이 다를 수 있잖습니까? 그리고 우리는 수많은 브랜드를 다룹니다. 저마다 다른 제품의 특성을 이해하는 정도 또한 다 다르겠지요. 이런 다양한 측면에서 본다면 우리나라에 크리에이티브 디렉터가 많다는 생각에 동의할 수 없습니다. 충분히 이 정도의 숫자는

확보하고 있어야 하지 않을까요? 단지 클라이언트한테 전문가로서 인정받기 위해서는 크리에이터로서 다양한 경험을 갖추어 문제해결의 주도자가 되었으면 합니다. 그래야 발전하는 거 아니겠어요? 결국 여러 가지 산업 중에서 부가가치가 높고, 누구라도 한 번 해보고 싶은 잠재 성장력이 아주 많은 직업으로 인정받으려면 그 씨앗을 뿌리는 사람들은 뭔가 좀 달라야 하지 않을까요?

## 언제나 Something New

'언제나 Something New'가 제 인생의 화두입니다. 흔히 선각자라는 말을 많이 쓰죠, 유명한 사람들 말이에요. 베토벤, 모차르트, 세잔느, 소설가 사르트르 이런 사람들이 있잖습니까. 박남준, 이중섭 등 우리나라에도 많지요. 시대를 이끌어간 사람들이죠. 어떤 사람은 특정 산업에서 100년 앞을 내다보며 작품을 만들어 내고, 시대적인 문화적 조류를 만들어 내지요. 즉 새로움의 추구가 문화와 역사를 다시 만들고 있다고 생각합니다. 기업이 고객과 커뮤니케이션하는데 있어서 효율적인 방법, Something New를 만들어내고 싶어요. 항상 새로운 것에 관심이 있고 새로운 것을 만들어 내는 것이 제 광고 인생의 화두입니다. 그게 지금까지 크리에이티브 디렉터로서 직무를 담당케 하는 어떤 기본적인 힘일 수도 있을 것 같습니다.

지금까지 제 작품을 저 혼자의 힘으로 만들었다는 생각은 절대 할 수 없습니다. 그건 아마 다른 크리에이티브 디렉터들도 다 마찬가지일 겁니다. 저의 가장 중요한 광고 철학 중에 하나는 '상대방을 존중하자' 입니다. 그리고 '마음을 열자, 귀를 열자, 눈을 열자'라는 세 가지 테마가 철칙으로 지켜져야 한다고 생각합니다.


## 넘어져라, 또 넘어져라

제가 생각하는 세 번째 화두는 시행착오를 두려워 말라는 것입니다. 부끄러운 얘기 하나 해 보겠습니다. 저처럼 시행착오를 많이 하는 사람은 아마 없을 겁니다. 제 20대 초반과 30대는 어떻게 보면 시행착오의 연속이었는지도 모르겠습니다. 저는 돈이나 든든한 배경도 없고 남들 같은 뛰어난 천재성도 없습니다. 얼굴도 잘 생기지 않았어요. 제가 오로지 믿을 수 있었던 것은 끝없는 시행착오를 거치면서 '아, 이건 이렇게 풀리는 거구나'라는 제 나름대로의 진리를 만들어 가는 과정이었어요. 시행착오를 두려워하지 않는 것은 제게 또 하나의 중요한 원칙이라고 할 수 있습니다.

창의적인 일을 하는 사람들은 대중문화를 사랑해야 합니다. 광고를 하는 사람들은 지금 당장이라도 길거리 걸어가는 할머니를 잡고서 한 시간 동안 대화를 나눌 수가 있어야 합니다. 그리고 소위 말하는 속물근성을 소중히 여겨야 합니다. 이것은 굉장히 중요한 부분입니다. 내가 이 제품을 팔기 위해서는 가장 좋은 방법은 저 사람과 30cm 간격으로 서로 이 소파에 앉아서 차근차근 귓속말 하듯 설득하는 게 가장 좋은 방법입니다. 그렇지만 현실적으로 불가능하기 때문에 광고라는 방법을 사용하는 것입니다. 때문에 광고를 만드는 크리에이터는 소비자를 바로 앞에 마주하고 대화를 나누는 것 같은 마음 자세로 광고를 만들어야 합니다. 저는 그게 가장 중요한 본질이라고 봐요. 그 다음에 아이디어를 내고, 임팩트를 주고, 인사이트를 찾는 것입니다. 이런 것들은 오히려 보조적인 부분이에요. 가장 중요한 것은 '사람을 아는 것'입니다.

epilogue

# 크리에이티브 상자를 닫으며

정말 오랫동안 정리한 이 원고의 퇴고를 마치고 나니 어찌나 허전한지. 꼭 몇 마디 더 남기고 싶어서 계획에도 없던 에필로그를 만들어 보았습니다. 광고 만드는 것 외에는 아무런 사회경험이 없는 필자에게 광고는 너무나 중요한 것입니다. 하지만 사람들은 때때로 광고를 귀찮은 친구 대하듯 하는 것 같습니다. 이 일이 우리 사회에 얼마나 중요한 것인지 알고 싶어 하지도 않고, 설령 안다 해도 '자본주의의 최전방 소총수' 정도로 치부해 버리는 것을 피부로 느낄 수 있었습니다. 영화나 드라마라면 그 미디어의 특색부터 콘텐츠의 파악, 제작자 분석 등 수 많은 연구와 기록들이 이루어지는 것에 반해 역사상 가장 많은 텍스트를 보유하고 있는 광고는 그 관심의 대상에서 멀어지고 있습니다.

광고를 보면 그 사회가 어떻게 작동하는지, 사람들은 어떤 문화행태를 취하는지, 주효한 산업은 무엇인지까지 한 눈에 파악할 수 있습니다. 또한 소비자와의 소통을 주요과제로 생각하는 많은 마케터들이

나 기획자들에게도 커뮤니케이션 대가들의 광고화법 및 생각의 착상점을 파악해 보는 것은 아주 의미 있는 일입니다. 1886년 한성주보에 실렸던 독일 무역상 세창양행의 광고이래로 우리나라의 광고 역사는 120년이 넘어가고 있습니다. 사실 그 때부터 지금까지 누가 어떤 광고를 만들었는지는 아무런 자료도, 기록도 남아 있지 않습니다.

조금씩이라도 광고의 흔적을 기록으로 남기는 일에 욕심을 갖고 있습니다. 광고는 문화를 대변하기도, 문화를 이끌기도 하는 양면성도 지니고 있지만 무엇보다도 '크리에이티브의 결정체' 라는 본질을 가지고 있습니다. 광고 텍스트를 정리하면서 좀 더 많은 사람들의 아이디어 발상과 생각정리의 도구로 쓰일 수 있을 것이라는 기대감과 확신을 느꼈고, 타임캡슐에 들어갈 작은 상자에 우리의 크리에이티브를 소중하게 담는 마음으로 이 책을 쓰게 되었습니다.

이 책에서는 거듭 강조되는 것은 커뮤니케이션입니다. 특히 소비자와 제품 사이의 커뮤니케이션은 간단하지 않습니다. 그 복잡 미묘한 커뮤니케이션을 성공시키기 위하여 광고 크리에이터들은 다양한 방법으로 메시지 전달을 시도합니다. 여러 가지 방법론과 개별적인 노하우가 거론되지만 크게 아우르는 공통분모가 보입니다. 그것은 바로 '소비자를 정확히 파악해야 한다' 는 것입니다. 현대의 소비자들은 굉장히 빠른 속도로 라이프 사이클을 바꾸어 가고 있고 소비문화의 패턴을 바꾸어 가고 있습니다. 어찌 보면 21세기의 소비자는 움직이는 표적같이 마구 소용돌이를 치고 있어서 맞추기 힘든 타깃처럼 보입니다.

이런 소비자들을 6개월 이상 앞서서 리드해야 하는 광고 크리에이터들은 매우 빠른 속도로 앞서서 달려야 하겠지요. 정보에 민감하고 계속 변화하는 속성의 소비자를 파악하기 위해 수많은 대화와 접촉을 시도해야 합니다. 책상에 앉아 상상속의 소비자들을 그려보는 것은 이미 실효성을 잃었습니다. 소비자와의 소통을 성공시키기 위한 전략과 표현에 끝까지 최선을 다하는 크리에이티브 디렉터들의 태도는 광고인이 아니라도 누구라도 배우고 싶은 면모입니다. 명품 커뮤니케이션을 지향하는 크리에이티브 디렉터들의 열정을 고스란히 이 상자 안에 담습니다.

아울러 이 책은 한동대학교 언론정보문화학부 학생들 및 광고 관련 수업 수강생들이 뽑은 광고 선호도 상위 50편을 제작한 국내 30명의 크리에이티브 디렉터들 중 취재에 응해주신 14분의 인터뷰 내용에 기초하고 있습니다. 광고 전공생들의 선호에 의한 선별이었으므로 현역 크리에이티브 디렉터들 위주가 되었고 순위 개념은 전혀 개입된 바 없음을 알려드립니다.

기획, 자료 조사, 인물 선정에서 인터뷰, 원고 정리에 이르기까지 2년 가까운 시간이 걸렸습니다. 인물 촬영을 도와주었던 박상준, 박서재, 김철민, 김형일, 인터뷰자료 정리를 도맡아 준 박신영, 허예원, 김찬희, 윤인호, 김경욱, 부족한 자료들을 보충하는데 도움을 주었던 제지혜 학생에게도 감사합니다. 아마 이들이 없었다면 이 원고는 게으른 저의 책상 서랍에서 영원히 잠자고 있었을 것입니다.

포항 한동대학교 연구실에서　강두필